우정욱의
맑은 날, 정갈한 요리

BnCworld

> 머리글

책장이 아닌,
부엌에 있는
요리책이 되었으면…

겨울, 봄, 여름, 가을. 네 개의 계절을 지나 드디어 저의 세 번째 책이 모습을 드러냈네요. 기쁘고 감사할 따름입니다.

마지막 탈고한 원고를 보낸 후 13년 요리 인생을 조용히 되돌아보는 시간을 가졌습니다. 가만 생각해보니 이렇게 요리책을 펴내게 된 것도, 거슬러 올라가 제가 요리를 천직으로 선택하게 된 것도 다 가족들 덕이 아닌가 싶어요. 늘 새로운 식문화에 눈뜰 수 있게 도와주신 식도락가였던 아버지, 날마다 다른 반찬과 간식으로 미각을 일깨워주신 어머니, 그리고 외며느리로 모실 때 요리 실력을 마음껏 뽐낼 수 있게 도와주신 시아버지까지. 제 몸속에서부터 꿈틀대기 시작한 요리 본능은 이분들 덕이라고 해도 과언이 아니겠지요.

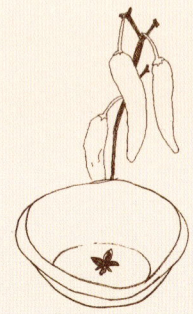

'요리, 10년은 해봐야 비로소 손맛을 낸다'
10년이 되도록 이 말뜻을 짐작 못하다가, 요즘에서야 조금씩 그 뜻을 알아가고 있습니다. 처음 요리를 시작하고 요리를 가르치던 순간은 즐거움과 희열을 느끼기보단 긴장과 실수 연발이었어요. 하지만, 고되게 쌓아온 노력이 모여서 이렇게 책으로 좋은 결실을 보게 되었네요. 요리는 정성껏 차려도 먹고 나면 형체 없이 사라지는 것이라 항상 아쉬웠는데, 이렇게 책으로 흔적을 남길 수 있어 정말 뿌듯합니다.

이 책은 따라 하기 쉽지만 어떤 자리에 내놓아도 부족하지 않은 요리들을 담고 있습니다. 기본 밑반찬부터 제철 재료를 활용한 요리, 초대·선물 요리까지… 요리를 즐기고 좋아하는 분은 물론 이제 막 요리를 시작한 분도 만들기 부담스럽지 않으실 거예요.

요리는 사람과 사람 사이를 가깝게 하고 마음을 나눌 수 있는 유익한 통로입니다. 제게는 넘치는 에너지를 발산하는 유일한 수단이기도 하지요. 제 요리를 맛있게 먹어주는 지인이나 열심히 수업을 듣는 수강생들을 볼 때면 늘 보람되고 자부심도 생겨요. 이 일은 하나님이 주신 선물일지도 모른다는 생각이 들어, 요리하는 매 순간 사랑과 정(情)을 듬뿍 담습니다. 어쩌면 이것이 제 손맛의 비결이 아닐런지요.

이 요리책은 책장이 아닌 부엌 한 편에 자리 잡았으면 해요. 부엌 중에서도 가장 손 잘 닿는 곳에 있어 요리하다가 언제라도 펼쳐볼 수 있는 '살아 움직이는' 책이라면 좋겠습니다.

마지막으로 이 책을 낼 수 있게 도와주신 비앤씨월드의 장상원 대표님과 이명원 실장님께 감사의 마음을 전합니다. 바쁘게 뛰어다니느라 고생한 이소민 에디터와 출판부 식구들에게도 인사를 전해요.
또한 열심히 도와준 제자들과 무엇보다 큰 힘이 되어준 저의 든든한 조력자, 남편 그리고 가족에게 사랑한다는 말을 전하고 싶네요.

2010년 가을, 요리하는 여자 우정옥

CONTENTS

우정욱의 맑은 날, 정갈한 요리

Part 01**

제철 식재료를 이용한 사계절 밥상

입맛 살리는 봄 밥상

봄 제철 식재료 · 24
봄동 냉이국 · 26
차돌박이 주꾸미 볶음 · 28
당면 생채 · 30
두릅 더덕 꼬치 · 32
꽃게찜 · 34
유채와 원추리나물 굴소스 볶음 · 36
뱅어포 · 38
스테이크 채소 비빔밥 · 40
봄 초나물 · 42
청경채 겉절이 · 44

원기회복에 좋은 여름 밥상

여름 제철 식재료 · 48
냉메밀국수와 오이지무침 · 50
쇠고기 토마토 샐러드 · 52
규아상 · 54
궁중 약선 닭죽과 양배추 김치 · 56
가지 미나리 나물 · 58
오징어 마 조림 · 60
쌈밥 · 62

먹을거리 풍성한 가을 밥상

가을 제철 식재료 · 68
잔멸치 시래기 밥 · 70
토란탕 · 72
배추전 · 74
통도라지 무침 · 76
맑은 낙지 버섯탕 · 78
단감을 곁들인 육전 냉채 · 80
사과 드레싱 무 샐러드 · 82
타이풍의 해산물 카레밥 · 84
치즈를 얹은 함박스테이크 · 86
페스토 소스의 모둠버섯구이 · 88
가을 초나물 · 90

온기 가득한 겨울 밥상

겨울 제철 식재료 · 94
무굴밥과 어리굴젓 · 96
돈지루 · 98
닭 불고기 · 100
연잎 영양밥과 깨소금 시금치 무침 · 102
얼큰 대구 매운탕 · 104
물미역 해산물 초회 · 106
온면 · 108
코다리 구이 · 110
연근 초무침 샐러드 · 112
사계절 곁들임 반찬 · 114

Part 02**

사랑하는 사람들과 함께하는 초대 식탁

격식 갖춘 코스 초대 요리

부모님 초대 요리

대하냉채 · 120
잣 소스 수삼 닭고기 샐러드 · 122
전복 스테이크 · 124
마늘볶음밥 · 126
흑임자 아이스크림 · 128

외국인 초대 요리

송화단죽 · 130
새우 관자 전채 · 132
새송이버섯과 너비아니 구이 · 134
궁중 떡볶이 · 136
대추차 · 138
맛있는 이야기 하나 · 140

편안하게 즐기는 뷔페 초대 요리

직장동료 초대 요리

시저 드레싱의 참치 타다키 · 144
모둠버섯 양념초밥 · 146
과일 소스를 곁들인 삼겹살찜 · 148
곶감 넣은 더덕 생채 · 150
일본식 모둠어묵 · 152

- 머리글 · 2
- 추천사 · 6
- 알고 있어야 할 계량 방법이에요 · 8
- 제 손에서 정들고 때묻은 주방 도구들입니다 · 10
- 요리에 도움을 주는 손맛 조미료입니다 · 12
- 신선한 식재료, 이곳으로 가보세요 · 240
- 곁에 두고 싶은 고운 그릇입니다 · 244
- INDEX · 246

Part 03
마음과 마음을 잇는 담음 요리

부모님을 위한 담음 요리

이바지 음식
- 떡갈비 · 192
- 매실 소스 해물냉채 · 194
- 전복초 · 196
- 더덕 장아찌와 황태 보푸라기 · 198
- 콩설기 · 200

예비시댁 선물 요리
- 약식 · 202
- 곶감호두말이 · 204
- 율란 · 206
- 머랭피칸 · 208
- **맛있는 이야기 셋** · 210

선물을 위한 담음 요리

선생님 선물 요리
- 갈비찜 · 214
- 파프리카 백김치 · 216

이사간 집 방문 요리
- 토마토 카레와 견과류 멸치볶음 · 218
- 새송이버섯 쇠고기 장조림과 김 장아찌 · 220

외국이민 선물 요리
- 깻잎 장아찌 · 222
- 진미채 무침과 건꼴뚜기 마늘종 볶음 · 224
- **맛있는 이야기 넷** · 226

병문안을 위한 담음 요리

산모병문안 요리
- 명란죽 · 230
- 메로구이와 간장오이 장아찌 · 232

지인병문안 요리
- 채소수프 · 234
- 민어 스테이크와 동치미 · 236
- **맛있는 이야기 다섯** · 238

여자친구 초대 요리
- 와사비마요네즈 해물 크로스티니 · 154
- 허니머스터드 치킨버섯 샐러드 · 156
- 냉우동 샐러드 · 158
- 따뜻한 쇠고기 채소 곁들임 · 160
- 주키니 케이크 · 162
- 상그리아 · 164

와인파티 요리
- 그리시니와 카망베르 치즈 구이 · 166
- 치즈샌드 · 168
- 와인 소스의 비프롤 · 170
- **맛있는 이야기 둘** · 172

가볍게 차리는 다과 초대 요리

아이들 초대 요리
- 간장 소스 닭봉강정 · 176
- 토마토 드레싱의 미트볼 샐러드 · 178
- 데리야키 소스 주먹밥과 키위 레몬 주스 · 180

종교 모임 요리
- 모둠버섯수프 · 182
- 스테이크 또띠아롤 · 184
- 쑥가래떡 구이와 한입 컵과일 · 186

추천사

올 초, 한국의 맛을 알고 싶어 방한한 적이 있습니다. 매 식사때마다 유명하고 큰 한식당을 다니며 한국음식을 경험할 수 있었습니다.
그러던 중 가까운 지인을 통해 초대받아 우정욱 선생님 댁에 방문하게 되었습니다. 그녀는 코스요리가 익숙한 저를 배려하여 8가지 한식요리를 코스로 대접하였습니다. 그 요리들은 참으로 놀랍고도 감동이었습니다. 어느 유명 한식당의 요리보다 감동적이었고, 그 맛과 향은 특출나서 식사내내 수 십가지의 질문을 쏟아내었답니다. 특히 은행과 잣으로 만든 수프는 진한 향과 담백한 맛이 일품이었고 해산물인 톳을 넣어 지은 톳밥은 지금도 생각만으로 군침이 돌 정도입니다. 주변에서 구하기 쉬운 재료들이였지만, 영양과 맛의 궁합을 맞춰 차린 그녀의 요리는 가히 최고였습니다. 저 같은 외국인이 한국의 가정에 초대받아 식사하기가 쉽지 않습니다. 게다가 이처럼 뛰어난 실력의 그녀에게 초대받는 건 더욱 어려운 일이죠. 그녀가 선보인 요리의 맛이 아직도 생생하네요.

— 벨기에 푸드 저널리스트 Jean-Pierre Gabriel 장 피에르 가브리엘

즐거운 그녀, 요리를 인생의 동반자로 생각하며 사는 그녀!
오랜 친구이자 또한 저의 시크릿 요리 스승이기도 한 우정욱 선생님의 세 번째 책 출간을 진심으로 축하합니다. 그녀의 요리를 만날 때면 그녀의 마음처럼 넓고 깊은 맛을 느낄 수 있습니다. 거칠고 투박한 재료들이 그녀의 손만 거치면 어쩜 그리 고운 자태를 드러내는지요. 조심스레 한입을 먹고 나면 또 그 맛은 얼마나 훌륭한지요. 저도 모르게 "최고야!"라는 감탄사가 새어나온답니다.
잦은 해외 생활로 외국 손님을 대접할 기회가 많은데, 그럴 때면 항상 그녀에게 배운 요리를 선보인답니다. 저에게 있어 그녀의 요리책은 비밀무기와도 같은 존재예요. 오랜 경험과 노력을 통해 쌓은 그녀의 요리 비법이 가득 담긴 또 한 권의 책이 세상에 나오게 된 것을 다시 한 번 축하합니다. 모든 이에게 유익한 책이 될 거라 믿습니다.

— 이스탄불 총영사 부인 김진경

맛있고 즐거운 요리만큼 사람들에게 행복을 주는 바이러스가 또 있을까요? 그런 행복 바이러스를 전하는 사람은 또 얼마나 아름다울까요? 아름다운 우정욱 선생님의 요리책 출간 소식에 저 또한 정말 기쁩니다. 늘 지인들을 집에 불러 모아 맛있는 음식을 해 먹이기 좋아하는 마음 따뜻한 선생님, 요리를 통해 마음을 나눌 수 있어 오히려 본인이 더 감사하다고 말씀하시는 선생님, 그런 우정욱 선생님의 정성과 지혜 그리고 사랑이 담긴 요리책이기에 모든 이들에게 추천합니다.
선생님의 귀한 추억까지 가득 담긴 책이라기에 정말 기대가 큽니다. 매일 무엇을 먹을까 하는 고민을 없애주고, 식탁에 기쁨을 가득 가져다 줄 필수적인 요리책으로 많은 이들에게 사랑받기를 기원합니다. 축하하고 또 축하해요.

— 광고회사 웰컴 대표 문애란

'이번에는 숙모가 어떤 멋진 요리를 선보이실까?' 할아버지 생신 같은 집안의 큰 행사나 명절에 삼촌 댁을 방문할 때면 이런 생각에 매번 설렙니다.
전국 각 지역의 맛집이라면 어디든 찾아가는 저에게도 숙모의 요리는 항상 놀라움입니다. 재료의 맛을 최대로 승화시키는 솜씨에, 생각지도 못한 담음새까지… 어디서 그런 아이디어가 나오는 걸까요. 매일매일 맛있는 요리를 선물 받는 삼촌이 부러워지곤 합니다.
그런 숙모가 8년 만에 새로운 요리책을 쓰신다는 이야기를 들었습니다. 그동안 또 얼마나 정성어린 새로운 요리를 개발하셨을지 기대됩니다. 오늘 저녁은 맛있는 냄새가 끊이지 않는 삼촌 댁에서 식사를 대접받고 싶어지네요. 저의 숙모이자, 만인의 요리 선생님! 숙모의 요리를 많은 이들과 함께 나눌 수 있어 행복합니다. 그리고 축하드립니다.

— 조선일보 음식 담당 기자 김성윤

알고 있어야 할
계량 방법이에요

＊ 계량컵과 계량스푼으로 계량하기

우리 어머니들은 계량스푼이나 계량컵을 쓰지 않고도 요리를 척척 만드셨지요. 제 친정 어머니도 그러셨고 저 또한 손맛이 중요하다며 그렇게 요리를 해왔어요. 그런데 몇 해 동안 감으로 요리를 하다 보니 어느 순간 제가 만들었던 요리의 기록이 없다는 걸 알았어요. 고춧가루를 몇 스푼 넣었는지, 육수는 몇 컵을 넣었는지, 전혀 생각이 나지 않더라고요. 게다가 요리를 배우러 오는 분들에게 눈대중으로 가르쳐줄 수는 없는 노릇이라 계량의 중요성을 또 한 번 느끼게 되었습니다. 그 후로 요리할 때면 한 손에는 꼭 펜을 들고 메모를 한답니다. 10년이 넘도록 메모를 하니 이제는 펜도 하나의 조리 도구가 된 것 같아요.

1. 계량컵

계량컵을 사용할 때는 먼저 계량컵을 평평한 곳에 올리고, 눈금과 눈의 높이가 같도록 하여 눈금을 읽는 것이 가장 중요해요. 그래야 정확하게 계량을 할 수 있습니다.
계량컵의 1C(1컵)은 200㎖를 말합니다. 우리가 흔히 먹는 200㎖ 우유의 용량과 동일하다고 생각하면 되지요.
1C(1컵) = 200㎖

2. 계량스푼

계량스푼은 1Ts(1큰술)과 1ts(1작은술), 두 가지가 있습니다. 가루 재료나 장류를 계량할 때는 먼저 스푼으로 가득 푼 후 젓가락을 이용하여 윗면을 평평하게 깎으면 됩니다. 액체류는 윗면이 봉긋하게 되도록 담으면 되고요.
1Ts(1큰술) = 15㎖, 1ts(1작은술) = 5㎖

＊ 계량도구를 대신해 사용할 수 있는 계량법

부엌 구석구석을 뒤지다 보면 계량도구를 대신해 사용할 수 있는 도구들이 무궁무진하다는 사실! 수강생들을 통해 알게 되었어요. 육수를 끓일 때 물 10컵을 넣으라고 말씀드렸더니 "콜라 한 병 넣으면 되겠네요"라고 말씀하시던 분도 계셨고요. 소주잔은 30㎖라고 알려주셨던 분도 계셨지요. 독자 여러분도 가까이에서 구할 수 있는 계량도구들을 활용해 보세요.

1. 밥숟가락

바쁘게 요리하는 도중에 계량스푼 꺼내 정확히 계량하기가 쉽지만은 않죠. 그럴 때는 가정에서 쓰는 밥숟가락을 이용하는 것도 좋은 방법입니다.

밥숟가락 계량으로 1Ts(1큰술)와 같은 양을 계량하려면? 가루 재료나 장류는 밥숟가락으로 가득 담으면 되고, 액체류는 가득 담은 한 숟가락에 바닥이 비칠 정도의 양을 조금 더 추가하면 됩니다.
1ts(1작은술)는 밥숟가락의 절반의 양을 담으면 됩니다.
밥숟가락 계량은 번거로움이 적어 자주 이용하겠지만, 그래도 계량스푼을 이용하는 것이 좋아요. 계량만 잘 지킨다면 어떤 요리 초보라도 일등 요리를 만들 수 있으니까요.

2. 우유팩과 종이컵

다 먹은 200㎖ 우유팩을 사용해도 된답니다.
뚜껑 접히는 부분에서 아래로 0.5㎝까지가 약 200㎖입니다.
종이컵은 가득 채웠을 때 200㎖입니다.

* 손대중과 눈대중으로 계량하기

무게에 대한 어느 정도의 '감'이 있다면 요리의 계량이 훨씬 수월하답니다.
당근 100g이라면 대략 1/2개 정도라는 감 말이죠. 그런 의미에서 도구 없이도 가능한 눈대중과 손대중에 대해 알려 드릴게요. 대략의 양은 맞지만 정확한 수치는 아니니 되도록 계량을 하는 것이 좋습니다.

1. 손대중

깍둑썰기한 단단한 재료를 한 손에 가득 채웠을 때의 양이 대략 100g입니다. 마찬가지로 깍둑썰기한 단단한 재료를 도마에 얹고 두 손으로 덮을 정도의 양이라면 대략 200g입니다.
흔히 말하는 '약간'은 엄지와 검지 손가락으로 집었을 때의 양입니다. 소량이라 계량하기 힘든 1g은 엄지와 검지, 중지의 세 손가락으로 집었을 때의 양이죠.

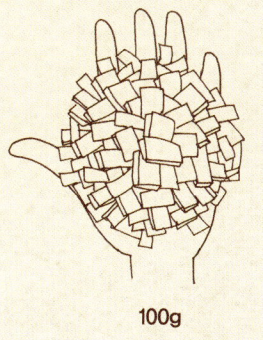
100g

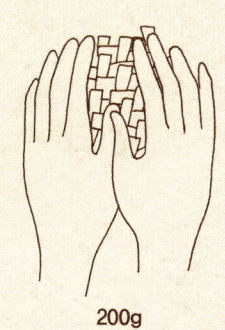
200g

2. 눈대중

채소만큼 눈대중을 많이 이용하는 식재료도 없을 거예요. 100g을 기준으로 각 채소의 양을 알려 드릴게요.
크기에 따라 차이가 있으니 유의하세요.

당근 중간 크기 1/2개 | 오이 중간 크기 1개 | 감자 중간 크기 1개 | 고구마 중간 크기 1/2개

양파 중간 크기 1/2개 | 양상추 큰 것 2장 | 배추 큰 것 1장 | 무 지름 8cm, 길이 3cm의 토막

단호박 중간 크기 1/8개 | 방울토마토 8~10개 | 가지 중간 크기 1개 | 콩나물 2줌

제 손에서 정들고 때묻은
주방 도구들입니다

"요리 선생님이니까 웬만한 주방 도구는 다 갖추고 계시죠?" 종종 듣게 되는 질문입니다. 사실 주방 도구를 모으는 데 취미를 갖고 있다거나 크게 신경 쓰지는 않는 편이에요. 사용하는 도구들도 유행을 따르기보다는 오랜 시간 함께 손발을 맞추고 있는 것들이죠. 그래서 계량스푼 하나를 사더라도 꼼꼼히 따져 오래 쓸 수 있는지를 고민하고 또 고민한답니다. 고가의 주방 도구들이 꽤 많기는 하지만, 영구성을 생각한다면 결코 아깝지 않은 투자였다고 생각돼요. 가끔 해외에 나갈 일이 있을 때는 작은 소품 마켓에 꼭 들릅니다. 우리나라에서는 볼 수 없는 독특한 디자인의 주방 도구를 저렴한 가격에 판매하기 때문이죠. 이럴 때는 조금 욕심을 내서 구입하곤 해요. 주방 도구로서의 기능뿐만 아니라 예쁜 소품으로도 제 몫을 톡톡히 하더라고요.
항상 곁에 있어 자식처럼 귀한 저의 주방 도구들을 보여 드릴게요.

칼
컷코(CUTCO)의 칼을 하나씩 구입하다 보니 어느새 종류별로 모였네요. 철강회사에서 만든 칼이라 얼마나 단단하고 견고한지 모릅니다. 살짝 무게감이 있는데다 손잡이가 손에 딱 맞아 칼질을 많이 해도 피곤하지 않지요. 기본적인 식도나 과도, 빵칼은 흔히 보았겠지만 제가 소개하고 싶은 칼은 스패출라 스프레더입니다. 빵을 썰고 스프레드 바르는 것을 동시에 할 수 있어 참 편리합니다.

도마
도마를 사용하다 보면 식재료의 색이 도마에 스며드는 것만큼 찝찝한 일이 없더라고요. 왠지 설거지를 덜한 것 같은 기분도 들고. 제가 쓰는 도마는 컷코(CUTCO)의 제품입니다. 특수재질로 되어 있어서 스며듦도 적고 재료의 냄새도 금방 없어지더라고요. 무엇보다 무게감이 있어 칼질을 할 때 흔들림이 적은 게 장점이에요. 식재료별로 도마를 다르게 사용하는 것도 좋지만, 크기별로 갖추고 사용해도 좋답니다.

트레이 & 볼 & 체
필요한 식재료를 미리 꺼내어 놓고 차곡차곡 정리를 해가며 요리를 하는 습관이 있는 저에게 트레이와 볼은 없어서는 안 될 도구입니다. 모두 일본여행 중 들른 천원 숍에서 구입한 것들입니다. 트레이든 볼이든 크기별로 구색을 갖춰두면 요리할 때 유용해요. 트레이는 높이가 약간 있는 제품이 사용하기 편리합니다. 제가 사용하는 볼은 눈금이 새겨져 있어 가끔 계량용으로 쓰기도 해요. 체 역시 크기별로 갖춰두면 좋습니다.

알뜰 주걱 & 거품기

알뜰 주걱이라는 이름이 참 귀엽죠? 정식 명칭은 실리콘 주걱, 고무 주걱이긴 하지만 많은 사람이 알뜰 주걱으로 부르고 있죠. 큰 알뜰 주걱은 조리용으로, 작은 알뜰 주걱은 통에 남은 소스를 긁어 모으거나 재료를 섞을 때 사용합니다. 또 제가 사용하는 거품기는 특이한 모양을 하고 있답니다. 공이 달린 솔 모양이지요. 일반 거품기의 재료가 붙거나 끼게 되어 불편한 점을 보완한 제품이에요. 알뜰 주걱은 르 크루제(Le Creuset), 거품기는 일본에서 저렴한 가격으로 구입했답니다.

스테인리스 냄비

여러 재질의 냄비를 사용해봤지만 다양한 요리에 사용하기에는 스테인리스 냄비가 가장 좋더라고요. 간단한 요리에는 편수 냄비, 찜이나 조림처럼 오랜 시간 끓이는 요리에는 깊은 냄비, 그리고 전골이나 찌개에는 넓은 양수 냄비를 이용하죠. 저는 샐러드마스터(Saladmaster) 제품을 사용합니다. 저의 스테인리스 냄비가 가장 돋보일 때는 튀김 요리를 할때죠. 두껍게 코팅된 냄비라서 식재료가 흡수하는 기름의 양을 최소화로 하고 본연의 맛을 살려준답니다.

주물 그릴 팬

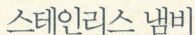

고기나 채소를 구웠을 때 그릴 자국이 선명하면 요리가 좀 더 맛깔스럽게 보이지요. 그런 면에서 주물 재질의 그릴 팬은 꼭 갖추고 있어야 해요. 철을 녹여 틀에 부어 만든 그릴팬은 코팅을 하는 것이 아니기에 벗겨질 염려가 없습니다. 게다가 양념이나 재료가 눌어붙지 않아 구이용으로 제격이랍니다. 전 네덜란드에 사는 친구로부터 선물 받은 주물 그릴 팬을 사용하고 있답니다.

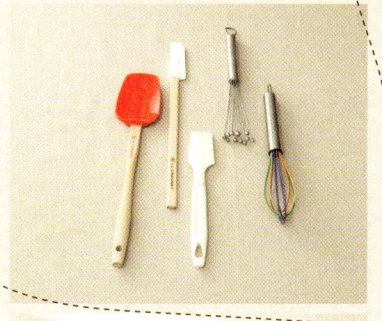

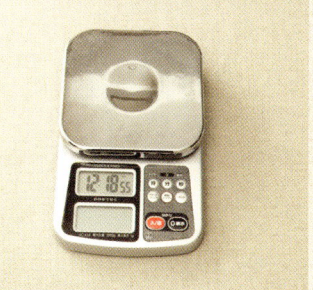

핸드 블렌더

취향에 따라 다르겠지만 저는 푸드프로세서가 아닌 핸드 블렌더를 사용합니다. 곱게 다지거나 대용량을 손질하기에 어려운 단점이 있긴 하지만 작은 크기라 공간을 적게 차지하고 어떤 용기에도 사용할 수 있어 편리하답니다. 저는 일반 파워인 400~500W가 아닌 600W 파워의 핸드 블렌더를 사용하고 있습니다.

주서기

휴롬(Hurom) 제품을 사용하고 있습니다. 식재료를 곱게 갈아줘서 알뜰하게 섭취할 수 있고 찌꺼기 역시 적게 남아 편리하더라고요. 저는 배즙이나 양파즙을 만들 때 주로 이용합니다. 미리 넉넉하게 만들어두는 편이라 즙을 만드는 날에는 저희 집 주서기가 온종일 바쁘게 돌아가지요. 주서기를 고를 때는 소리가 작게 나는 것이 좋다는 것, 잊지 마세요.

전자저울

감으로 식재료의 양을 알 수 있긴 하지만 주방 한쪽에 항상 저울을 두고 사용합니다. 좀 더 정확한 요리를 하기 위해서죠. 스프링이 달린 저울보다는 자동으로 그릇의 무게를 빼주고, 읽기도 쉬운 전자저울을 추천합니다. 제가 쓰는 전자저울은 일본인 친구에게 선물 받은 제품인데, 가볍고 튼튼해 오랜 시간 사용하고 있답니다.

요리에 도움을 주는
손맛 조미료입니다

 육수

다시마육수

시원하고 깊은 맛을 내기 위해서 오로지 가다랑어포와 다시마만 사용했어요. 다른 어떤 육수보다 시원한 맛을 자랑하는 다시마육수. 소면을 끓여 깔끔하게 국수 한 그릇 말아먹어도 좋고, 차게 식혀 도토리묵과 함께 후루룩 마셔도 좋답니다.

 냉장고에서 10일간 보관할 수 있습니다.

재료
물 6컵, 다시마(5×5cm) 2장, 가다랑어포 100g

만들기
1. 냄비에 물과 다시마를 넣고 10분간 끓인 후 불을 끄고 다시마를 건진다.
2. 가다랑어포를 넣고 5분간 그대로 둔다.
3. 면 보자기에 걸러 맑은 육수만 담는다.

멸치육수

주식이 되는 국이나 찌개에 가장 많이 쓰이는 기본 육수예요. 국물용 멸치를 팬에 볶아 향을 살리는 것이 가장 중요한 포인트예요. 이때 멸치육수의 맛이 결정된답니다. 약불에서 오래 끓이면 떫은 맛이 날 수 있으니 시간을 꼭 지키도록 하세요.

 냉동실에서 한 달간 보관할 수 있습니다.

재료
국물용 멸치 15마리, 다시마(5×5cm) 1장, 양파 ½개, 대파 1대, 물 6컵

만들기
1. 마른 냄비에 멸치를 넣고 향이 날 정도만 살짝 볶은 후 나머지 재료를 모두 넣고 중불에서 끓인다.
2. 끓기 시작하면 다시마를 건져내고 15분간 약불에서 더 끓인다.
3. 면 보자기에 걸러 맑은 육수만 담는다.

쇠고기육수

쇠고기육수를 넣어 만든 요리를 먹으면 건강해질 것 같고, 보양식이라는 생각이 들지요. 그래서 늘 갖춰두고 두루두루 이용한답니다. 만두나 떡국 떡과 함께 끓이면 쉬운 재료로 만드는 맛있는 건강식을 만들 수 있습니다. 삶은 쇠고기로는 장조림을 만들면 돼요.

 냉동실에서 한 달간 보관할 수 있습니다.

재료
쇠고기(양지머리) 300g, 양파 ½개, 무 1토막, 대파잎 2개, 통후추 1작은술, 물 8컵

만들기
1. 쇠고기는 찬물에 담가 핏물을 제거한다.
2. 냄비에 쇠고기를 제외한 재료를 모두 넣고 약불에서 끓으면 쇠고기를 넣어 30분간 더 끓인다.
3. 면 보자기에 거른 육수는 실온에서 차갑게 식히고 윗면의 굳은 기름은 걷는다.

채소육수

요리를 하고 나면 자투리 채소들이 남게 되죠? 당근 꼭지라든지, 굵은 양배추 줄기라든지. 남은 채소들 또한 귀한 식재료이니 버리지 마세요. 큰 냄비에 넣고 물과 함께 푹 끓이면 향이 좋은 채소육수로 탄생한답니다. 다양한 수프나 국물 요리에 얼마든지 활용할 수 있지요.

 냉장고에서 일주일간 보관할 수 있습니다.

재료
양파 1개, 양배추 ¼통, 당근 ½개, 셀러리 2대, 마늘 5쪽, 물 8컵

만들기
1. 냄비에 분량의 재료를 모두 넣고 약불에서 30분간 끓인다.
2. 면 보자기에 걸러 맑은 육수만 담는다.

겉절이 양념장

매운탕 양념장

비빔 양념장

양념장

겉절이 양념장

평소 채소를 즐겨 먹는 분들께 꼭 필요한 양념장이에요. 봄에는 파릇파릇한 봄나물, 여름에는 잎이 싱그러운 상추…. 제철에 나는 싱싱한 채소와 쓱쓱 버무리기만 해도 맛있는 겉절이를 만들 수 있답니다. 숙성을 시키면 더욱 감칠 맛이 나므로 먹기 하루 전날 미리 만들어 두세요.

 냉장고에서 10일간 보관할 수 있습니다.

재료
간장 3큰술, 식초 2큰술, 고춧가루 2큰술, 다진 마늘 1½큰술, 생강즙 ½큰술, 참치액젓 1작은술, 레몬즙 1큰술, 배청(p.16) 2큰술, 참기름 1작은술, 통깨 약간

만들기
1. 분량의 재료를 모두 섞는다.

매운탕 양념장

찬바람 불어 오는 겨울이 되면 뜨끈뜨끈한 매운탕이 생각나죠? 그럴 때 구하기 쉬운 제철 생선과 부드러운 알을 함께 넣고 얼큰한 매운탕을 끓여 보세요. 매운탕 양념만 있다면 어렵지 않습니다.
좀 더 매콤한 맛을 원할 때는 청양고추를 송송 썰어 넣으면 된답니다.

 냉동실에서 한 달간 보관할 수 있습니다.

재료
고춧가루 10큰술, 양파 ½개, 다진 마늘 8큰술, 간장 3큰술, 멸치액젓(또는 까나리액젓) 5큰술, 참치액젓 1큰술

만들기
1. 양파는 믹서에 곱게 간다.
2. 곱게 간 양파와 분량의 재료를 모두 섞는다.

비빔 양념장

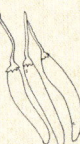

더운 여름이면 뜨거운 불 앞에서 요리하기 참 힘들죠? 이럴 때 비빔 양념장 하나만 있으면 고민 끝입니다. 뜨끈한 밥에 열무김치 한 젓가락, 양념장 한 숟가락 넣고 쓱쓱 비비면 진수성찬 안 부러운 열무 비빔밥이 되고, 갖은 채소와 버무려서 만두와 곁들이면 비빔 만두도 되거든요.

 냉동실에서 한 달간 보관할 수 있습니다.

재료
고춧가루 2큰술, 고추장 1½큰술, 다진 마늘 1큰술, 매실청 1큰술, 설탕 1큰술, 간장 1큰술, 레몬즙 1큰술, 식초 1큰술, 물엿 1큰술, 통깨 1큰술

만들기
1. 분량의 재료를 모두 섞고 냉장고에서 숙성시킨다.

tip 비빔 양념장을 넣은 요리는 마지막에 참기름을 1~2방울 넣어 맛을 살려 주세요.

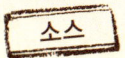 소스

토마토 소스

제철 생토마토가 가득 들어있어 시중에서 판매되는 소스와는 다르게 깊은 맛을 느낄 수 있습니다. 피자, 파스타 어디에도 잘 어울리는 소스예요. 토마토가 영글어가는 여름이 되면 잊지 말고 꼭 만들어보세요.

 냉장고에서 한 달간 보관할 수 있습니다.

재료
홀 토마토 3컵, 토마토(중) 3개, 양파 ½개, 마늘 4쪽, 레드와인 2큰술, 고추씨 1큰술, 바질 5~6장, 올리브오일 5큰술, 소금·후춧가루 약간

만들기
1. 토마토는 바닥에 열십자(+) 모양의 칼집을 넣고 끓는 물에 10초간 데친 후 찬물에 헹궈 껍질과 씨를 제거하여 깍둑썰기한다.
2. 마늘은 편 썰고 양파는 다진다.
3. 두꺼운 냄비에 올리브오일을 두르고 마늘, 양파를 충분히 볶는다. 레드와인과 ①, 홀 토마토를 넣고 으깨어가며 약불에서 20분간 조린다.
4. 고추씨, 바질을 넣어 10분간 끓인 후 마지막에 소금과 후춧가루로 간한다.

화이트 루

양식의 가장 기본이 되는 화이트 루입니다. 간단한 재료, 쉬운 조리법이라 만들기 쉽고 보관도 용이하지요. 크림 파스타나 리조토, 크림 수프까지. 어렵다고 생각했던 요리들을 쉽게 만들어준답니다.

 냉동실에서 한 달간 보관할 수 있습니다.

재료
밀가루 140g, 버터 100g

만들기
1. 밀가루를 체에 내린다.
2. 두꺼운 팬에 버터를 80% 녹이고 밀가루를 넣어 나무주걱으로 저어가며 약불에서 색이 나기 전까지 15분간 볶아 되직하게 만든다.
3. 완성된 화이트 루는 2큰술씩 랩으로 동그랗게 말아 얼린다.

생강퓌레

생선의 비린내나 고기의 누린내를 없애는 데는 생강즙이 단연 최고죠. 하지만 막상 생강을 갈아보면 즙도 넉넉하게 생기지 않고, 번거롭기까지 하답니다. 그럴 때는 생강퓌레만 있으면 오케이에요. 납작하고 넓게 얼려주세요. 조금씩 부러뜨리면서 사용하면 간편하답니다.

 냉동실에서 6개월간 보관할 수 있습니다.

재료
생강 100g, 물 1큰술

만들기
1. 깨끗이 씻은 생강은 숟가락으로 긁어 껍질을 제거한다.
2. 생강과 물을 믹서에 넣고 곱게 간 다음 지퍼백에 넣고 납작하게 담아 냉동한다.

> 청류

배청

배가 제철인 가을이 되면 조금 욕심을 내서 넉넉하게 배를 사둡니다. 싱싱한 배를 먹는 것이 가장 좋지만, 오래 두고 먹을 수 없는 아쉬움을 달래기 위해 배청을 만든답니다. 이렇게 배청을 만들어 말랑한 가래떡 구이와 함께 곁들이기도 하고, 따뜻한 물에 타서 차로도 마시지요.

재료
배 12개, 황설탕 6컵

만들기
1. 배는 껍질을 제거하고 한입 크기로 썰어 믹서에 곱게 간 다음 체에 밭쳐 즙만 거른다.
2. 두꺼운 스테인리스 냄비에 ①을 넣고 약불에서 저어가며 2시간 끓인다.
3. ②의 냄비에 황설탕을 넣고 1시간 반을 약불에서 더 끓여 걸쭉하게 조리고 식힌다.

생강청

몸에 좋은 생강이지만 어떤 요리에서든 양념으로만 사용되고 주목을 받지 못하죠. 그래서 생강청을 만들어 봤습니다. 감기 걸린 날은 꿀과 함께 물에 타 마시면 몸에 좋은 약이 되고, 바닐라 아이스크림에 곁들이면 색다른 맛의 디저트가 탄생하더라고요.

재료
생강 1.5kg, 흑설탕 1kg, 백설탕 500g, 통계피(10cm) 1개

만들기
1. 생강은 껍질을 제거하고 믹서에 갈아 체에 밭쳐 즙만 거른다.
2. 스테인리스 냄비에 ①과 분량의 모든 재료를 넣고 중불에서 저어가며 끓이다가 약불로 줄여 30분간 더 끓인다.
3. 통계피는 건져내고 약불에서 1시간 30분간 더 끓인 후 식힌다.

[양념간장]

맛간장

간장과 향신료, 채소, 과일을 오랜 시간 함께 푹 끓인 조림 간장을 다양한 요리에 활용해보세요. 각종 채소와 함께 볶음채소를 만들어도 좋고, 삶은 메추리알과 조려도 맛있답니다. 지글지글 파전을 구워서 찍어 먹어도 그 맛이 일품이랍니다.

 실온에서 한 달간 보관할 수 있습니다.

재료
사과 1개, 레몬 1개, 양파 2개, 마늘 6쪽, 생강 1톨, 통후추 20알, 물 2컵, 간장 10컵, 설탕 1kg, 맛술 1½컵, 청주 1컵

만들기
1. 사과와 레몬은 껍질째 얇게 썬다.
2. 양파는 2등분하고, 생강과 마늘은 껍질 벗겨 준비한다.
3. 냄비에 마늘, 양파, 생강, 통후추와 물을 넣고 약불에서 절반의 양이 될 때까지 조린 후 체에 밭쳐 국물만 거른다.
4. 새로운 냄비에 분량의 간장과 설탕을 넣고 끓으면 맛술, 청주, ③를 넣어 20분간 끓인다.
5. 사과와 레몬을 넣고 뚜껑을 닫아 실온에서 10시간 두었다가 면 보자기에 걸러 간장만 담는다.

데리야키 소스

미국에 사는 사촌 언니가 잠시 일했던 꽤 유명한 레스토랑에서 먹어보곤 너무 맛있어서 그 비법을 알아낸 데리야키 소스입니다. 비법은 흑설탕과 오렌지 주스를 넣어 깊은 단 맛을 살렸다는 거예요.

 냉장고에서 6개월간 보관할 수 있습니다.

재료
간장 ½컵, 맛술 ½컵, 청주 2큰술, 흑설탕 4큰술, 오렌지 주스 3큰술, 생강퓌레 (p.15) 1작은술

만들기
1. 두꺼운 팬에 분량의 재료를 모두 넣고 양이 ⅔가 될 때까지 걸쭉하게 조린다.

우동쓰유

다시마, 멸치, 건표고버섯을 넣어 만든 우동쓰유는 끝 맛이 굉장히 깔끔하답니다. 농축된 쓰유라서 우동육수로 먹을 때는 6배, 어묵탕으로 먹을 때는 7배의 물과 희석하여 요리하세요.

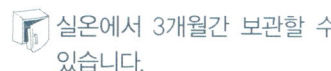 실온에서 3개월간 보관할 수 있습니다.

재료
국물용 멸치 10마리, 건표고버섯 5개, 다시마(5×5cm) 12장, 따뜻한 물 3½컵, 청주A 1½컵, 가다랑어포 3줌, 간장 1½컵, 맛술 2컵, 청주B 1½컵, 혼다시 3큰술, 멸치다시다 1큰술, 소금 4큰술

만들기
1. 두꺼운 냄비에 멸치, 건표고버섯, 다시마를 넣어 볶다가 불을 끄고 따뜻한 물과 청주A를 넣어 실온에서 10시간 둔다.
2. ①을 10분간 끓인 후 불을 끄고 가다랑어포를 넣어 5분간 두었다가 면 보자기에 걸러 육수만 담는다.
3. 걸러낸 육수에 간장, 맛술, 청주B를 넣어 약불에서 10분간 끓이고 혼다시와 멸치다시다, 소금을 넣어 10분간 끓인 후 식힌다.

 피클

중국식 피클

피클이라고 하면 늘 새콤달콤한 맛만 떠오르시죠? 제가 새로운 맛의 피클을 소개해 드릴게요. 고추기름과 두반장을 넣어 매콤하고 칼칼한 맛을 살린 중국식 피클입니다. 기름진 요리와 함께 드시면 개운한 맛을 느낄 수 있답니다.

 냉장고에서 3주간 보관할 수 있습니다.

재료
오이 5개, 소금 50g, 무 $\frac{1}{6}$개, 배춧잎 5장, 마늘 5쪽, 홍고추 2개, 식초 1컵, 설탕 1컵, 두반장 2큰술, 고추기름 2큰술

만들기
1. 오이는 굵은 소금(분량 외)으로 문질러 가시를 제거하여 흐르는 물에 씻고 5cm 길이로 썬다.
2. 길이로 다시 4~5등분하고 가운데 씨 부분을 잘라낸 뒤 소금에 3시간 절인 후 물기를 꼭 짜서 통에 차곡차곡 담는다.
3. 무와 배춧잎은 한입 크기로 썬다.
4. 홍고추는 길이로 반을 잘라 씨를 제거하고 3~4cm 길이로 채 썰고, 마늘은 2등분하고 살짝 으깬다.
5. 나머지 양념재료와 무, 배춧잎, 홍고추, 마늘을 골고루 버무려서 오이를 담은 통에 붓는다.

간장오이 피클

끓이고 식히는 과정을 반복해야 하는 간장오이 피클은 다른 피클보다 손이 많이 가서 힘들다고 느끼실 거예요. 그래도 만들어 두면 훌륭한 곁들임 반찬이 되니, 큰 맘 먹고 도전해보세요. 맛은 제가 보장합니다.

 냉장고에서 3주간 보관할 수 있습니다.

재료
백오이 10개, 간장 $\frac{1}{2}$컵, 설탕 5큰술, 식초 $\frac{1}{2}$컵, 물 $\frac{1}{2}$컵, 월계수잎 2장, 통후추 2알, 소금 1큰술

만들기
1. 오이는 굵은 소금(분량 외)으로 문질러 가시를 제거하여 흐르는 물에 씻고 2cm 두께로 어슷하게 썬다. 끓는 물에 약간의 소금을 넣고 오이를 1분간 데친 후 찬물에 헹궈 통에 담는다.
2. 분량의 재료를 모두 냄비에 넣어 10분간 끓여 오이가 담긴 통에 붓고 깨끗하게 씻은 무거운 돌로 눌러 실온에서 3~4일간 둔다.
3. ②의 간장물을 걸러 소금과 설탕, 식초(분량 외)로 입맛에 맞게 간하고 다시 한 번 끓인 뒤 완전히 식힌다.
4. 식힌 간장물은 다시 오이에 붓고 마찬가지로 무거운 돌로 눌러 실온에서 3일간 숙성한다.

모둠채소 피클

요리는 눈으로 먼저 먹는다는 말이 있죠? 모둠채소 피클이 그 말에 딱 맞는 요리예요. 적채에서 우러나온 천연의 분홍빛이 보는 내내 마음을 설레게 하는 피클입니다. 예쁜 색감을 자랑하고 싶어 선물용으로 자주 만든답니다.

 냉장고에서 3주간 보관할 수 있습니다.

재료
연근 1개, 오이 1개, 양파 1개, 무 ½개, 적채 ½통, 콜리플라워 ½개, 레몬 ½개, 생강 1톨, 건고추 2개

단촛물
다시마육수(p.13) 1컵, 설탕 1컵, 식초 1컵, 소금 2큰술

만들기
1. 연근은 필러로 껍질을 벗겨 0.3㎝ 두께로 썰고 양파는 한입 크기로 썬다.
2. 무와 적채, 콜리플라워는 한입 크기로 썬다.
3. 오이는 굵은 소금(분량 외)으로 문질러 가시를 제거하여 흐르는 물에 씻고 1㎝ 두께로 동그랗게 썬다.
4. 끓는 물에 약간의 소금을 넣고 연근과 오이를 살짝 데친 후 바로 찬물에 담가 식힌다.
5. 건고추는 가위로 동그랗게 자르고, 레몬과 생강은 슬라이스로 썬다.
6. 분량의 단촛물은 설탕과 소금이 완전히 녹도록 섞는다.
7. 통에 손질한 채소와 단촛물을 붓고 냉장고에서 하루 동안 숙성한다.

새콤오이 피클

오이가 맛있는 여름이 되면 피클을 담가보세요. 시원한 바람 부는 주방에서 도마 하나 오이 하나 준비하고 마음 가는 대로 썰어보는 거죠. 기분 좋은 날은 정갈하게, 속상한 날은 큼직큼직하게. 그리고 통에 차곡차곡 담기만 하면 피클 완성입니다.

 냉장고에서 3주간 보관할 수 있습니다.

재료 백오이 5개
절임물 소금 1큰술, 물 ⅔컵
단촛물 설탕 4큰술, 식초 6큰술, 소금 1작은술,
  * 피클링 스파이스 1큰술

만들기
1. 오이는 굵은 소금(분량 외)으로 문질러 가시를 제거하여 흐르는 물에 씻고 1㎝ 두께로 동그랗게 썬다.
2. 분량의 절임물에 1시간 담가 두었다가 키친타월로 물기를 제거하여 통에 담는다.
3. 분량의 단촛물 재료를 모두 섞어 오이를 담은 통에 붓고 실온에서 하루 숙성한다.

tip 피클에서 많이 사용하는 피클링 스파이스(Pickling spice)는 코리엔더와 후추, 월계수잎, 계피, 정향, 겨자씨 등이 들어간 복합 향신료예요. 독특한 향을 더해주고 보존 효과를 높여준답니다. 백화점 식품코너에 가면 구입할 수 있어요.

입맛 살리는 봄 밥상

원기회복에 좋은 여름 밥상

먹을거리 풍성한 가을 밥상

온기 가득한 겨울 밥상

Part ***01
SeaSon's TaBle

제철 식재료를 이용한
사계절 밥상

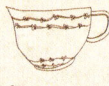

Woo's Kitchen

입맛 살리는 봄 밥상

'봄이 오면 산에 들에 진달래 피네~ 진달래 피는 곳에 내 마음도 피어…'
가곡 한 소절을 흥얼거리고 싶을 만큼 따사로운 봄입니다. 식탁도 예외는 아니죠. 러너를 깔고 봄꽃으로 센터피스를 장식하지 않아도 봄내음 가득한 식탁을 차리는 건 그리 어려운 일이 아니랍니다.
저는 먼저 달래, 냉이와 같은 제철 나물을 권하고 싶네요. 특유의 풍미가 있는 제철 나물을 신선한 들기름과 맛있는 국간장에 버무려 먹으면 참기름과 소금으로 버무린 것보다 맛있답니다. 나물은 몸에도 좋고 많이 먹어도 살이 찌지 않으니 참 좋아요.

봄 제철 식재료

푸른 기운 가득 안은 봄동

노지에서 추운 겨울을 보낸 봄동은 두껍고 억센 잎을 가졌지만 씹는 맛이 뛰어나지요. 고소한 맛도 일품이고요. 새콤달콤한 겉절이를 만들어도 좋고 된장국에 넣어 먹어도 맛있답니다.

- **고르기** _ 잎이 크지 않고 속이 노란색이어야 좋은 봄동입니다.
- **손질하기** _ 두꺼운 뿌리를 잘라내고 잎을 한 장씩 뜯어 흐르는 물에 씻습니다.
- **보관하기** _ 오래 두면 누레지기 때문에 바로 먹는 것이 가장 좋습니다. 보관할 때는 물기가 없는 상태에서 랩으로 감싸고 냉장고에서 보관하면 3~5일간 보관할 수 있습니다.

봄 향기 가득한 냉이

냉이는 특유의 쌉싸래한 향을 가지고 있어 잃어버린 입맛을 살리는 데 일등이랍니다. 게다가 채소인데도 단백질의 함량이 높지요. 어린 냉이는 조물조물 무쳐먹고, 억센 냉이는 국을 끓여 먹으면 좋아요.

- **고르기** _ 향이 진하고 잎이 초록색이며 뿌리가 희고 긴 것이 좋습니다.
- **손질하기** _ 뿌리에 묻은 흙을 깨끗이 털어내고 흐르는 물에 씻습니다.
- **보관하기** _ 깨끗이 다듬어 끓는 물에 약간의 소금을 넣고 데친 후 한 번에 먹을 양만큼씩 나눠 냉동실에서 보관합니다.

산의 정기를 품은 두릅

'봄나물의 왕자'라고 불리는 두릅입니다. 독특한 향을 가지고 있어 살짝 데쳐 초고추장을 곁들이기만 해도 근사한 요리가 된답니다. 산의 정기를 한껏 받은 산나물인 두릅은 피로회복과 혈액순환에 좋을 뿐만 아니라, 봄철 피로와 나른함을 이기는 데도 제격이지요.

- **고르기** _ 독특한 두릅의 향이 진하고 잎이 마르거나 거칠지 않은 것이 좋습니다.
- **손질하기** _ 밑동을 잘라내고 칼날로 긁어 잔가시를 제거합니다.
- **보관하기** _ 손질한 두릅은 물을 살짝 뿌린 신문지로 싸서 냉장고에 보관합니다.

바다의 봄나물 주꾸미

주꾸미를 낙지나 오징어의 친척쯤 된다고 생각하는 사람도 있지만, 사실 주꾸미는 '바다의 봄나물'이라고 불릴 정도로 주목받는 식재료랍니다. 특히 산란기인 봄이 되면 알이 꽉 차는데요. 톡톡 터지는 알은 밥알처럼 생겨 '쌀밥'이라고 불리며 많은 사랑을 받고 있답니다.

* **고르기** _ 연한 회색이며 윤기가 나는 것이 신선한 주꾸미입니다.
* **손질하기** _ 머리를 뒤집고 가위로 내장을 자릅니다. 밀가루를 뿌린 후 문질러 이물질을 제거하고 흐르는 물에 씻으세요.
* **보관하기** _ 밀봉하여 냉동실에서 한 달까지 보관할 수 있습니다.

봄의 황제 꽃게

봄철의 꽃게는 산란기라 알이 꽉 차 있고 살이 단단해 이때 먹어야 제 맛입니다. 꽃게의 껍질에는 지방축적을 막고 콜레스테롤을 낮춰 주는 키틴이 함유되어 있어서 껍질째 튀겨 먹어도 좋습니다. 색다른 맛을 느낄 수 있을 거예요.

* **고르기** _ 손으로 들어보았을 때 묵직하고, 다리가 잘 붙어 있어야 합니다. 배 쪽을 비춰봤을 때 선홍빛이 보이면 알이 꽉 찬 꽃게입니다.
* **손질하기** _ 솔을 이용하여 다리가 떨어지지 않도록 살살 문질러 이물질을 제거하고, 흐르는 물에 씻어줍니다.
* **보관하기** _ 찜통에 쪄서 한 번에 먹을 양만큼씩 나눠 냉동실에 보관합니다.

    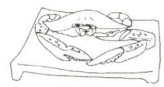

입맛 살리는 봄 밥상

봄동 냉이국

봄이 오면 한 끼, 한 끼 차리는 것이 그렇게 즐거울 수 없답니다. 새로 난 봄 채소들이 천지에 널려 있으니까요. 오늘은 쑥으로 무침을 해보고, 내일은 달래로 국을 끓이고….
봄동은 국으로 끓이기엔 특이한 재료지만 막상 끓여 보면 고급스런 풍미가 납니다. 봄동과 냉이를 넣고 된장국을 끓일 때면 구수한 봄 향기가 온 집안에 퍼지는 것 같아 콧노래가 절로 나와요.

재료(4인분)

봄동	5~6장
냉이	100g
개조개	1개
멸치육수(p.13)	4컵
된장	2½큰술
간장	1작은술
건고추	½개
다진 마늘	1작은술
소금	약간
후춧가루	약간

이렇게 만들어 보세요

1. 멸치육수를 끓인다.
2. 봄동은 밑동을 잘라내고 잎을 한 장씩 떼어 흐르는 물에 씻는다. 크기가 큰 봄동은 2등분한다.
3. 냉이는 흙을 털고 깨끗이 씻어 잔털을 다듬는다. 굵은 것은 길이로 2등분한 후 다시 3등분한다.
4. 개조개는 찬물에 씻어 체에 밭쳐 물기를 빼고 굵직하게 썬다.
5. 건고추는 어슷 썬다.
6. 멸치육수가 끓으면 봄동을 넣고 한 번 더 우르르 끓인 다음 된장, 간장을 풀어 넣고 건고추, 다진 마늘, 소금, 후춧가루를 넣어 한소끔 끓인다. 마지막에 손질한 조개와 냉이를 넣는데 조개가 익으면 완성이다.

* 개조개 : 모시조개와 비슷한 모양이지만 크기가 더 큰 조개류입니다.

입맛 살리는 봄 밥상

차돌박이 주꾸미 볶음

이 차돌박이 주꾸미 볶음은 남편과 함께 간 골프 클럽에서 맛본 것인데 쫄깃하고 매콤한 맛에 반해버렸어요. 그래서 제 봄철 단골 메뉴가 되었답니다.
산란철이 되어 알이 통통한 주꾸미와 부드러운 차돌박이로 모양도 색도 맛깔스런 볶음 요리 한번 만들어보세요. 톡톡 터지는 알을 맛보기 위해 일 년을 손꼽아 기다리게 될 거예요.

재료(4인분)

쇠고기 차돌박이 … 200g
주꾸미(100g) …… 3마리
새송이버섯 ………… 2개
초록색 파프리카 … $\frac{1}{4}$개
붉은색 파프리카 … $\frac{1}{4}$개

양념장
고춧가루 ………… 2큰술
고추장 …………… 1큰술
간장 ……………… 1큰술
설탕 ……………… 1큰술
배즙 ……………… 1큰술
청주 ……………… 1큰술
다진 마늘 ……… $\frac{1}{2}$작은술
생강퓨레(p.15) … $\frac{1}{2}$작은술
참기름 …………… 1작은술
후춧가루 ………… 약간

주꾸미 밑간
참기름 …………… $\frac{1}{2}$큰술
다진 마늘 ……… $\frac{1}{2}$작은술
소금 ……………… 약간
후춧가루 ………… 약간

쇠고기 밑간
간장 ……………… 1큰술
청주 ……………… 1작은술
설탕 ……………… 1작은술
참기름 …………… 1작은술
다진 마늘 ……… 1작은술
후춧가루 ………… 약간

이렇게 만들어 보세요

1. 주꾸미에 밀가루(분량 외)를 뿌려 잠시 두었다가 박박 주물러 흐르는 물에 헹군 뒤, 체에 밭쳐 물기를 제거하고 주꾸미 밑간에 10분간 재운다.
2. 키친타월을 이용하여 쇠고기의 핏물을 제거한 뒤 쇠고기 밑간에 10분간 재운다.
3. 새송이버섯은 길이로 썰고, 파프리카는 씨를 제거하고 얇게 채 썬다.
4. 분량의 양념장 재료를 모두 섞는다.
5. 팬에 밑간한 쇠고기를 구운 뒤 키친타월에 올려 기름을 제거한다.
6. 쇠고기를 구운 팬에 참기름을 두르고 새송이버섯을 숨이 죽을 정도만 볶다가 주꾸미와 양념장의 절반을 넣어 주꾸미를 익힌다. 주꾸미가 어느 정도 익으면 구운 쇠고기와 남은 양념장, 파프리카를 넣고 한 번 더 볶아 완성한다.

입맛 살리는 봄 밥상

당면 생채

봄에 나오는 싱싱한 제철 채소를 당면과 함께 버무려 내는 생채로, 새로운 스타일의 잡채를 맛보실 수 있을 거예요. 당면과 함께 먹으니 짜지 않고, 볶지 않았기 때문에 기름기도 적어 담백해요. 또 아삭한 채소의 맛도 느낄 수 있는 별미랍니다. 소스를 만들 때는 끓는 기름에 다진 마늘과 고춧가루가 잘 섞이도록 한 다음 나머지 재료를 넣으면 된답니다.

재료(4인분)

시금치	$\frac{1}{2}$단
숙주	1줌
당근	$\frac{1}{3}$개
양파	$\frac{1}{2}$개
배춧잎	6장
당면(삶기 전)	60g

간장 소스

간장	3큰술
카놀라오일	$\frac{1}{2}$큰술
고춧가루	$\frac{1}{2}$큰술
다진 마늘	1큰술
식초	2큰술
설탕	2큰술
통깨	2큰술
다진 파	1큰술
소금	1작은술

이렇게 만들어 보세요

1. 당면은 찬물에 30분간 불린다.
2. 숙주는 꼬리를 제거하고, 시금치는 깨끗이 씻어 뿌리를 제거한다. 끓는 물에 약간의 소금을 넣고 각각 데친 후 찬물에 헹궈 물기를 꼭 짠다.
3. 당근과 배추는 0.3㎝ 두께로 채 썰고, 양파도 0.3㎝ 두께로 채 썰어 찬물에 담가 매운 맛을 제거한 뒤 체에 밭쳐 물기를 제거한다.
4. 카놀라오일은 팔팔 끓여 한 김 날린 후 고춧가루, 다진 마늘과 섞는다. 골고루 섞이면 나머지 간장 소스 재료와 한 번 더 섞는다.
5. 냄비에 넉넉한 양의 물을 끓여 당면을 삶아 부드럽게 익힌다. 익은 당면은 체에 밭쳐 꾹꾹 눌러 물기를 제거하고 뜨거울 때 약간의 간장과 참기름(분량 외)으로 밑간한다.
6. 밑간한 당면에 준비한 채소와 간장 소스를 넣고 골고루 버무린다.

* 카놀라오일 : 유채의 꽃씨로부터 추출한 것입니다. 담백한 풍미를 갖고 있어요.

두릅 더덕 꼬치

해마다 봄이 되면 두릅을 찾는답니다. 전 그 특유의 쌉싸래한 맛이 그렇게 그립더라고요. 두릅은 맛도 좋지만 혈액순환을 도와주고 정신을 맑게 해주는 영양 식재료예요. 무쳐먹거나 초회로만 먹는 두릅을 색다르게 꼬치로 만들어봤어요. 간단한 조리법이지만 놓쳐서는 안될 것이 있어요. 두릅에는 식중독을 일으키는 미량의 독성분이 함유되어 있으니 반드시 끓는 물에 한 번 데친 후 요리해야 한답니다.

재료(4인분)
- 쇠고기 채끝살 200g
- 두릅 5개
- 더덕(30g) 8개
- 김치 약간
- 통깨 약간
- 검은깨 약간

쇠고기 밑간
- 간장 ½큰술
- 설탕 1작은술
- 청주 1작은술
- 다진 마늘 1작은술
- 후춧가루 약간

부침옷
- 밀가루 ½컵
- 물 ⅔컵
- 간장 ½작은술

이렇게 만들어 보세요

1. 쇠고기는 7×2㎝ 크기로 결대로 썰고 밑간에 10분간 재운다.
2. 두릅의 밑동은 잘라내고 칼등으로 긁어 가시를 제거한 후 끓는 물에 살짝 데친다.
3. 더덕은 윗동을 잘라내고 칼로 껍질을 살살 돌려가며 벗긴 다음 7㎝ 길이로 썰고 다시 길이로 2등분한다.
4. 썰어 놓은 더덕은 양념이 잘 배도록 밀대로 밀어 납작하게 만들고 끓는 물에 살짝 데친다.
5. 김치는 흐르는 물에 양념을 씻어내고 7×2㎝ 크기로 썬다.
6. 손질된 더덕과 김치는 약간의 참기름, 소금, 후춧가루(분량 외)에 10분간 재운다.
7. 분량의 부침옷 재료를 모두 섞는다.
8. 두릅, 더덕, 김치, 쇠고기를 번갈아가며 꼬치에 끼운 후 부침옷을 앞뒤로 골고루 적시고 기름 두른 팬에서 쇠고기가 익을 정도로 지진다.
9. 통깨와 검은깨를 뿌려 완성한다.

꽃게찜

암게가 가장 맛있을 때는 5월 중순부터예요. 산란기라 알이 꽉 차있을 뿐만 아니라 살도 쫄깃한 시기지요. 수게와 암게를 구분할 때는 배딱지를 보세요. 배딱지 아래쪽이 둥글고 넓은 것은 암게이고, 뾰족한 산 모양은 수게예요. 맛있는 암게에 기본적인 양념만 더해서 찐 꽃게찜을 소개해 드릴게요. 어디 간장게장만 밥도둑인가요. 게딱지에 따뜻한 밥 한 숟가락 넣고 쓱쓱 비벼 먹어보세요.

재료(4인분)
- 암게(200g) ······· 3마리
- 멸치육수(p.13) ······· 2컵
- 홍고추 ······· 1개
- 청고추 ······· 1개
- 대파 ······· ½대

양념장
- 간장 ······· 3큰술
- 국간장 ······· 1큰술
- 맛술 ······· 1큰술
- 고추장 ······· 2큰술
- 다진 마늘 ······· 1작은술
- 다진 생강 ······· 1작은술
- 초핏가루 ······· 약간

이렇게 만들어 보세요

1. 멸치육수를 끓인다.
2. 청·홍고추는 채 썰고, 대파는 어슷썰기한다.
3. 게의 몸통과 다리 사이사이를 솔로 깨끗이 씻어 이물질을 제거하고 흐르는 물에 깨끗이 씻는다. 냉동 게는 찬물에 담가 자연 해동하여 손질한다.
4. 가위로 게의 다리 끝 부분과 입을 잘라낸다.
5. 게의 딱지 아래로 손을 넣어 뚜껑을 열고 배딱지에 붙어 있는 알과 살을 곱게 모은다.
6. 분량의 양념장 재료를 모두 섞는다.
7. 냄비 바닥에 껍질 쪽이 닿도록 손질한 게를 모두 올리고 양념장을 딱지 안에 조금씩 붓는다. 멸치육수를 게의 가장자리로 자작하게 부은 후 중불에서 자작해지도록 끓인다.

입맛 살리는 봄 밥상

유채와 원추리나물 굴소스 볶음

원추리꽃 보신 적 있으세요? 여름이 되면 활짝 피는 노란 원추리꽃. 꽃이 피기 전에 나는 어린 싹을 나물로 먹는답니다. 유채나물은 아시죠? 여름 유채꽃이 피기 전에 나는 작은 싹이랍니다. 예쁜 꽃이 피기 전에만 잠깐 볼 수 있는 귀한 나물로 맛있는 볶음 요리를 만들어 볼까요?

재료(4인분)
원추리나물 ·················· 200g
유채나물 ···················· 100g
건고추 ························· 1개

양념장
굴소스 ······················ 2큰술
간장 ························· 1작은술
매실청 ······················ 1작은술
설탕 ························· 1작은술
참기름 ······················ 1작은술
다진 마늘 ················· 1작은술
소금 ··························· 약간
후춧가루 ····················· 약간

이렇게 만들어 보세요

1. 원추리나물과 유채나물을 각각 5㎝ 길이로 썬다.
2. 끓는 물에 약간의 소금을 넣고 원추리나물과 유채나물을 각각 살짝 데쳐 찬물에 헹궈 물기를 꼭 짠다.
3. 건고추는 어슷 썬다.
4. 분량의 양념장 재료를 모두 섞는다.
5. 팬에 기름을 두르고 원추리나물을 넣어 살짝 볶다가 유채나물을 넣어 한 번 더 볶고 양념장을 넣어 가볍게 섞는다.

*** **굴소스** 간장만으로 풍미가 부족할 땐 굴소스를 넣어보세요. 중국의 대표적인 소스로 생굴을 소금, 간장에 발효시킨 후 액만 따라내어 걸쭉한 상태로 만든 것이에요. 볶음요리에도 좋고, 튀김, 조림 어디에도 잘 어울려요. 가까운 식재료숍 어디에서든 구하실 수 있답니다. 저는 오뚜기 이금기 팬더 굴소스를 사용합니다.

입맛 살리는 봄 밥상

뱅어포

저희 친정어머니는 뱅어포 하나하나에 양념을 발라 석쇠에 일일이 구워주셨지만 매번 그렇게 하기는 좀 번거롭지요. 좀 더 간단한 방법을 생각하다가 미리 뱅어포를 잘라 양념에 버무리기로 했어요.
우리 집에서 뱅어포를 자르는 일은 늘 남편의 몫이랍니다. 건축하는 남자의 감각 때문일까요? 정확한 3cm가 나오더라고요. 뱅어는 멸치 30배의 칼슘을 지니고 있다고 하니 많이들 먹자고요. 마른 반찬이니 한 번 할 때 넉넉히 하면 반찬 걱정 덜 수 있으실 거예요.

재료(4인분)
뱅어포(15×15㎝) ·········· 5장
맛술 ······················· 1큰술
참기름 ···················· 1작은술
통깨 ······················· 1큰술

양념장
고추장 ···················· 2큰술
고춧가루 ·················· 1작은술
맛간장(p.17) ·············· 1큰술
설탕 ······················· ½큰술
올리고당 ·················· 1큰술
카놀라오일 ················ 2큰술

이렇게 만들어 보세요

1. 뱅어포는 가위를 이용하여 3×3㎝ 크기의 정사각형으로 자른다.
2. 마른 팬에 자른 뱅어포를 넣고 중불에서 타지 않도록 살짝 볶은 후 불을 끈다.
3. 뱅어포에 맛술을 넣고 버무리며 식힌다.
4. 팬에 분량의 양념장 재료를 모두 넣어 끓인다.
5. 식힌 뱅어포에 끓인 양념장을 붓고 골고루 버무린 후 마지막에 참기름, 통깨를 넣어 마무리한다.

입맛 살리는 봄 밥상

스테이크 채소 비빔밥

따끈한 밥에 싱싱한 채소 듬뿍 올리고 매콤한 고추장 넣어 쓱쓱 비벼 먹는 비빔밥. 생각만 해도 입맛이 확 살아나죠? 여기에 좀 더 특별한 비빔밥을 만드는 법을 알려드릴게요. 맛있는 육즙이 스며있는 뜨거운 스테이크를 한번 올려보세요. 쉽고 만만하기만 한 비빔밥이 폼나는 요리로 재탄생한답니다.

재료
쌀(불리기 전) ·············· 2컵
쇠고기 채끝등심 ········ 300g
애호박 ······················ 1개
오이 ·························· 1개
느타리버섯 ············· 150g
더덕 ·························· 3개
콩나물 ····················· 150g
샐러드 채소 ············· 약간

쇠고기 밑간
간장 ······················· 1큰술
홀 그레인 머스터드 ··· 1큰술
꿀 ··························· ½큰술

고추장 양념장
약고추장(p.64) ········· 2큰술
고추장 ···················· 2큰술
콩나물 삶은 물 ········ 3큰술
통깨 ························ 약간
참기름 ····················· 약간

이렇게 만들어 보세요

1. 쌀은 30분간 물에 불린 후 체에 밭쳐 물기를 제거한다.
2. 샐러드 채소는 찬물에 담그고 콩나물은 씻어 꼬리를 제거하고 체에 밭쳐 둔다.
3. 애호박은 길이로 반을 갈라 씨를 긁어내고 0.5㎝ 두께의 반달모양으로 썬 후 약간의 소금과 다진 파, 다진 마늘(분량 외)에 버무려 팬에 볶아 식힌다.
4. 오이는 굵은 소금(분량 외)으로 문질러 가시를 제거하여 흐르는 물에 씻어 0.5㎝ 두께로 동그랗게 썬다. 약간의 소금에 버무려 10분간 재웠다가 찬물에 헹구고 물기를 꼭 짠다. 기름 두른 팬에 볶아 식힌다.
5. 느타리버섯은 한입 크기로 찢어 끓는 물에 데치고 물기를 꼭 짠 후 소금, 후춧가루(분량 외)로 간하여 볶는다.
6. 더덕은 밑동을 잘라내고 칼로 껍질을 살살 돌려가며 벗긴 후 방망이로 두들겨 편다. 기름 두른 팬에 소금, 후춧가루(분량 외)로 간하여 볶는다.
7. 냄비에 넉넉한 양의 물을 끓여 콩나물을 3~4분간 삶고 건져낸 뒤 얼음물에 담근다. 이 때 콩나물 삶은 물은 따로 남겨둔다.
8. 분량의 고추장 양념장 재료를 모두 섞는다.
9. 쇠고기는 키친타월을 이용해 핏물을 제거하여 분량의 밑간에 10분간 재우고 달군 팬에서 익힌 후 칼을 뉘여서 0.5㎝ 두께로 어슷 썬다.
10. 밥솥에 불린 쌀, 콩나물 삶은 물을 넣고 밥을 짓는다. 이 때 밥물의 양은 흰 쌀밥을 지을 때와 같다.
11. 그릇에 밥을 담고 샐러드 채소를 돌려 담은 후 나머지 준비된 재료를 얹고 고추장 양념장을 곁들인다.

입맛 살리는 봄 밥상

봄 초나물

옛 서울 사람들은 청포묵 냉채를 초나물이라 불렀대요. 서울이 고향인 저는 그래서인지 초나물이라는 말이 더 익숙해요. 나른한 봄. 청포묵과 미나리, 숙주로 봄 초나물을 한번 만들어보세요. 양념에 유자청이 들어가 상큼한 맛을 더한 메뉴랍니다.

재료(4인분)
- 쇠고기 홍두깨살 …… 100g
- 숙주 ……………………… 1줌
- 미나리 …………………… 100g
- 청포묵 …………………… 1모
- 달걀 ……………………… 1개
- 구운 김가루 ………… 2큰술

쇠고기 밑간
- 간장 ……………………… 1큰술
- 설탕 ……………………… 1작은술
- 청주 ……………………… 1작은술
- 참기름 …………………… 1작은술
- 다진 마늘 ……………… 약간
- 후춧가루 ………………… 약간

양념장
- 간장 ……………………… 2큰술
- 식초 ……………………… 1큰술
- 유자청 …………………… 1큰술
- 다진 마늘 ……………… 1작은술
- 다진 파 ………………… 1작은술
- 참기름 …………………… 1큰술
- 통깨 ……………………… 약간

이렇게 만들어 보세요

1. 쇠고기는 곱게 채 썰어 밑간에 10분간 재운 후 팬에서 국물이 없도록 굽는다.
2. 숙주는 머리와 꼬리를 제거하고, 미나리는 줄기만 다듬어 5㎝ 길이로 썰어 끓는 물에 소금을 약간 넣고 각각 데친다. 찬물에 헹궈 물기를 꼭 짠다.
3. 청포묵은 통째로 끓는 물에 데친 후 2~3장으로 포를 떠서 얇게 채 썰고 구운 김가루와 약간의 참기름(분량 외)으로 버무린다.
4. 달걀은 잘 풀어 기름 코팅한 팬에서 지단을 부친다. 지단을 식히고 5×0.3㎝ 크기로 채 썬다.
5. 분량의 양념장 재료를 모두 섞는다.
6. 손질한 재료에 양념장을 붓고 골고루 버무린다.

입맛 살리는 봄 밥상

청경채 겉절이

중국 요리에 언제나 빠지지 않는 채소가 바로 청경채예요. 예전에는 구하기 어려웠는데 요즘은 가까운 시장이나 백화점의 쌈채소 코너에서 쉽게 구할 수 있어요. 청경채를 무척이나 좋아하는 저는 데치기도 하고 볶기도 하면서 갖가지 다양한 조리법을 시도해 보는데, 뭐니뭐니 해도 봄에는 아삭하게 생으로 먹는 겉절이가 최고더라고요. 상큼한 맛을 살리기 위해서는 손으로 많이 주무르지 말고 양념이 청경채에 살짝 묻을 정도만 섞는 게 좋아요.

재료(4인분)

청경채	6개
양파	1/3개
배	1/4개
토마토	1개
달래	80g
홍고추	1개

겉절이 양념장

고춧가루	2큰술
식초	2큰술
피시소스	1작은술
배청(p.16)	1작은술
매실청	1작은술
레몬즙	1작은술
다진 마늘	1작은술
참기름	1작은술
통깨	약간

이렇게 만들어 보세요

1. 분량의 겉절이 양념장 재료를 모두 섞어 30분간 숙성시킨다.
2. 청경채는 길이로 4등분한다.
3. 양파는 0.3cm 두께로 채 썰어 찬물에 담가 매운 맛을 제거한 뒤 체에 밭쳐 물기를 제거한다.
4. 배는 껍질을 제거하여 채 썰고, 토마토는 껍질째 8등분한다.
5. 달래는 줄기만 다듬어 3cm 길이로 썰고 홍고추는 길이로 갈라 씨를 제거하고 곱게 채 썬다.
6. 손질한 채소에 겉절이 양념장을 넣고 골고루 버무린다.

*** **피시소스** 멸치과의 생선류에 소금을 넣어 오랜 시간 발효한 동남아지역대표 소스입니다. 우리나라의 액젓과 비슷한 맛과 향을 가졌지만, 그보다 생선의 향은 약하고 짠맛이 강합니다. 늘 해먹는 요리에서 간장이나 액젓 대신 피시소스를 넣는다면 색다른 맛을 느낄 수 있어요. 가까운 백화점이나 마트에서 구입할 수 있답니다.

Woo's Kitchen

원기회복에 좋은 여름 밥상

여름을 즐기는 시원한 밥상: 냉메밀국수와 오이지무침 + 쇠고기 토마토 샐러드 + 규아상

더위를 이기는 보양 밥상: 닭죽과 양배추김치 + 가지 미나리 나물 + 오징어 마 조림

입맛 돋우는 맛깔난 밥상: 쌈밥 + 꽁치조림과 약고추장 + 참치쌈장과 멸치볶음

주부에게 가족 건강을 챙기는 것만큼 중요한 일이 있을까요? 특히 무더운 여름이면 입맛을 잃기 쉬워 건강에 더욱 신경을 쓰게 되지요. 그래서 어떤 날은 닭고기를 푹 삶아 한약재와 함께 끓여 건강 닭죽을 만들기도 하고, 또 어떤 날은 시원하게 메밀국수를 만들기도 해요. 뜨거운 불 앞에서 요리하는 것이 힘들 때는 압력솥에 푹 찌기만 하면 되는 수제 꽁치 조림을 넉넉히 만들어 쌈밥도 해먹고, 김밥도 해 먹는답니다.

여름 제철 식재료

아삭아삭 상큼한 오이

수분이 많은 오이는 더운 여름이면 가장 먼저 생각나는 채소입니다. 초록색이 짙고 단단한 오이는 볶음 요리나 절임 요리에 적당하고, 옅은 초록색의 백오이는 샐러드나 무침 요리로 알맞습니다.

- *** 고르기** _ 꼭지가 싱싱하고 광택이 나는 오이가 좋습니다. 또한 굵기가 고르고 휘어짐이 없어야 합니다.
- *** 손질하기** _ 굵은 소금으로 껍질을 문질러 씻어 이물질과 가시를 제거합니다. 쓴맛이 나는 꼭지도 제거하는 것이 좋고요.
- *** 보관하기** _ 밀봉하여 냉장고에 보관하세요. 장기간 보관할 때는 장아찌를 만들어도 좋답니다.

싱그러운 영양만점 토마토

붉고 싱그럽게 익은 토마토를 보면 마음마저 풍요로워지죠? 칼로리가 낮아 부담 없이 즐길 수 있는 토마토. 익혀 먹는 것이 영양 섭취에 더 좋다고 하니, 다양한 요리에 이용해 보세요.

- *** 고르기** _ 과실이 단단하고 붉은빛이 선명한 것이 잘 익은 토마토입니다. 또한 꼭지가 초록색이고 시들지 않아야 합니다.
- *** 손질하기** _ 토마토의 껍질을 제거하고 싶다면 토마토 바닥에 열십자(+)모양 칼집을 넣고 뜨거운 물에 10초간 데친 다음 찬물에 씻어보세요. 단번에 껍질이 벗겨진답니다.
- *** 보관하기** _ 서늘한 상온에서 보관하세요. 많이 익은 토마토는 껍질을 제거하고 으깨서 냉동실에 넣어두면 2주까지 보관할 수 있답니다.

쫄깃한 맛이 일품인 오징어

쫄깃한 오징어는 날로 먹어도, 볶아 먹어도, 말려 먹어도 맛있는 국민 해산물입니다. 알코올 해독성분이 뛰어난 오징어는 얼큰한 해장국을 끓여도 좋습니다.

* **고르기** _ 탄력이 있고 광택이 나는 것이 좋습니다. 더불어 빛깔이 유백색으로 윤기가 나는 것이 싱싱한 오징어입니다.
* **손질하기** _ 몸통을 갈라 내장과 먹물을 제거합니다. 이때 먹물이 터지지 않도록 조심하세요. 그리고 밀가루를 뿌려 주물러 이물질을 제거하고 물에 씻습니다.
* **보관하기** _ 손질 후 몸통과 다리를 분리하여 한 번에 먹을 양만큼씩 나눠 냉동실에 보관하세요.

수분 가득한 다이어트 채소 가지

가지는 최고의 다이어트 식품이라 할 만 해요. 무려 칼로리의 90%가 수분이라고 하니 많이 먹어도 살찔 걱정은 없겠죠? 보라색이 짙은 여름 가지는 특히나 수분이 많고 부드러워 그 맛이 일품이랍니다.

* **고르기** _ 보라색이 선명하고 윤기와 광택이 나는 것이 좋습니다. 또한 꼭지가 시들지 않아야 합니다.
* **손질하기** _ 가지는 껍질째 조리하는 경우가 많으므로 흐르는 물에 깨끗이 씻어야 합니다.
* **보관하기** _ 수분이 증발되지 않도록 랩으로 싸서 냉장고에 보관합니다.

알싸한 향을 지닌 미나리

날로 먹었을 때 그 맛이 일품인 미나리. 알싸한 맛에 반하고 아삭아삭 씹히는 소리에 또 한 번 반한다죠. 해독기능이 뛰어난 미나리는 다양한 요리에 이용되는데 특히 복어 요리에서 그 맛과 효능이 돋보인답니다.

* **고르기** _ 녹색이 선명하고 줄기가 너무 굵지 않은 것이 좋은 미나리입니다.
* **손질하기** _ 맑은 물에서 자라는 미나리는 흐르는 물에 한 번 씻어주기만 해도 손질이 된답니다.
* **보관하기** _ 미나리의 뿌리 쪽에 물을 살짝 적시고 신문지로 싸서 냉장고에 보관하세요.

원기회복에 좋은 여름 밥상

냉메밀국수와 오이지무침

메밀농축액을 미리 넉넉히 만들어두시면 여름 내내 시원한 메밀국수를 쉽게 만드실 수 있어요. 속까지 시원하게 해줄 냉메밀국수 한 그릇이면 더위가 무섭지 않겠죠? 아삭한 오이지무침도 함께 곁들여 보세요. 잘 절여둔 오이지무침을 메밀국수에 함께 말아 드셔도 색다른 맛이랍니다. 한 그릇 후루룩 먹고, 대나무 자리에서 한숨 자면 신선놀음이 따로 없을 것 같아요.

재료(4인분)
메밀면 ······················ 4인분
(건면기준 320g)
무(10×10cm) ·············· 1토막
쪽파 ························· 약간
와사비 ······················ 약간
구운 김가루 ················ 약간

메밀농축액
따뜻한 물 ···················· 2컵
멸치 ·························· 30g
다시마 ······················· 30g
건표고버섯 ················· 30g
가다랑어포 ················· 50g
맛술 ··························· 3컵
청주 ··························· 1컵
진간장 ························ 3컵
설탕 ························ 2큰술
혼다시 ···················· 2큰술

이렇게 만들어 보세요

1. 따뜻한 물에 멸치, 다시마, 건표고버섯을 넣고 10시간 두었다가 끓인다. 끓으면 바로 불을 끄고 가다랑어포를 넣고 5분간 두었다가 체에 밭쳐 육수만 거른다.
2. 걸러놓은 육수에 맛술, 청주를 넣고 10분간 다시 끓이고 진간장, 설탕, 혼다시를 넣어 약불로 줄여 10분간 더 끓인 다음 차갑게 식힌다.
3. 무는 강판에 곱게 갈아 체에 밭쳐 둔다. 자연스럽게 걸러진 간 무만 사용한다.
4. 쪽파는 송송 썬다.
5. 끓는 물에 메밀면을 넣어 우르르 끓으면 찬물 1컵을 붓는다. 이 과정을 2회 이상 반복하여 메밀면을 익히고 흐르는 찬물에 바락바락 씻어 전분기를 없앤다.
6. 차갑게 식힌 육수와 물을 1:3의 비율로 섞어 면과 함께 담고 김가루, 간 무, 와사비, 송송 썬 쪽파를 곁들인다.

*** **혼다시** 깊은 육수의 맛을 자랑하는 가다랑어포를 원료로 한 조미료에요. 소량만 사용해도 깊은 맛을 낼 수 있기 때문에 다양한 요리에 활용되죠. 일식뿐만 아니라 한식에서도 다양하게 쓰이니 하나쯤 갖춰서도 좋아요. 가까운 백화점 식품관이나 수입 식재료상에서 구입하실 수 있습니다.

* 오이지무침은 p.114에 있습니다.

원기회복에 좋은 여름 밥상

쇠고기 토마토 샐러드

여름은 빨갛게 익은 완숙 토마토가 맛있는 계절이지요. 토마토와 구운 쇠고기로 샐러드를 만들어 봤어요. 육즙이 빠져나가지 않게 구운 쇠고기를 얼음물에 재빠르게 담가 식히는 것이 맛을 내는 핵심이지요. 담백한 빵과 함께 곁들여 먹어도 좋아요. 다이어트에도 좋으니 맛있게 먹고 날씬해지세요.

재료(4인분)

쇠고기 불고기용	200g
토마토	2개
양파	$\frac{1}{4}$개
꽈리고추	10개

간장 드레싱

간장	$1\frac{1}{2}$큰술
올리브오일	$1\frac{1}{2}$큰술
식초	$1\frac{1}{2}$큰술
다진 마늘	1작은술
소금	약간
후춧가루	약간

이렇게 만들어 보세요

1. 분량의 간장 드레싱 재료를 모두 섞어 냉장고에 보관한다.
2. 쇠고기는 키친타월을 이용하여 핏물을 제거한다.
3. 달군 팬에 쇠고기를 올리고 약간의 소금, 후춧가루(분량 외)를 뿌려 구운 다음 얼음물에 담가 식힌 후 체에 받친다.
4. 토마토는 0.5㎝ 두께의 링 모양으로 썰고 키친타월에 얹어 수분을 제거한다.
5. 양파는 최대한 얇게 채 썰어 얼음물에 10분간 담가 두었다가 체에 받쳐 물기를 제거한다.
6. 꽈리고추는 길이로 반을 갈라 씨를 빼고 비스듬한 모양으로 얇게 채 썬다.
7. 토마토에 양파, 구운 쇠고기, 꽈리고추 순으로 얹고 드레싱을 뿌려준다.

원기회복에 좋은 여름 밥상

규아상

우리 조상들은 풍류가 넘치는 생활을 즐기면서 계절에 맞게 식문화도 변화시켜 왔어요. 겨울에는 지방이 많은 제철 재료를 넣은 만두를 만들고, 여름에는 애호박이나 오이처럼 열을 내려주는 채소를 넣은 만두를 만들었지요. 궁중에서 여름철 별미로 먹었다는 규아상을 얼음에 얹어 대접해 보세요. 시원함을 눈과 입으로 동시에 느낄 수 있답니다.

재료(4인분)
만두피 ············ 8장
잣 ················· 1큰술

만두소
쇠고기 ············ 100g
표고버섯 ········· 3장
애호박 ············ ½개
양파 ··············· ½개
오이 ··············· ½개

쇠고기·표고버섯 밑간
국간장 ············ 1큰술
설탕 ··············· ½큰술
다진 마늘 ········ 1작은술
다진 파 ··········· 1작은술
청주 ··············· 1큰술
참기름 ············ 2작은술
후춧가루 ········· 약간

초간장
간장 ··············· 2큰술
물 ·················· 1큰술
설탕 ··············· 1작은술
식초 ··············· 1½큰술
잣가루 ············ 약간

이렇게 만들어 보세요

1. 표고버섯은 기둥을 제거한 후 얇게 채 썰고, 쇠고기도 표고버섯과 동일한 크기로 얇게 채 썬다.
2. 채 썬 표고버섯과 쇠고기는 분량의 밑간에 10분간 재운 뒤 팬에 볶아 식힌다.
3. 애호박, 양파, 오이는 얇게 채 썰어 약간의 소금, 후춧가루(분량 외)를 뿌려 10분간 재운 뒤 물기를 꼭 짜고 참기름(분량 외) 두른 팬에 볶아 식힌다.
4. 준비한 재료를 모두 섞어 만두소를 만든다.
5. 만두피에 소를 적당량 넣고 가장자리에 물을 바른 뒤 주름을 잡으며 반달모양으로 빚는다. 이때 양쪽 끝에 잣을 한 알 씩 박는다.
6. 김이 오른 찜통에 빚은 만두를 넣고 투명해질 때까지 찐다.
7. 만두가 식으면 얼음 간 접시에 올리고 분량의 초간장 재료를 섞은 것을 곁들인다.

원기회복에 좋은 여름 밥상

궁중 약선 닭죽과 양배추 김치

덥고 쉽게 지치는 여름에는 몸에 좋은 한약재 듬뿍 넣어 끓인 삼계탕이 일등 보양식이죠. 삼계탕이 조금 지루하다 싶으면 궁중 약선 닭죽을 만들어 보세요. 한약재가 가득 들어가고 거기에 전복까지 넣었으니 손님 접대에도 좋고 가족 건강식으로도 최고랍니다. 아삭한 양배추 김치를 곁들인다면 더욱 좋겠죠?

재료(4인분)

찹쌀(불리기 전)	1컵
닭고기(중)	½마리
물	7컵
전복	2마리
밤	3개
표고버섯	2개
대추	4개
마늘	3쪽
수삼	1뿌리

이렇게 만들어 보세요

1. 냄비에 깨끗이 씻은 닭고기와 물을 넣고 끓인 다음 닭고기가 익으면 체에 밭쳐 육수는 거르고 닭고기 살은 곱게 찢는다.
2. 밤과 표고버섯을 1×1cm 크기로 깍둑썰기한다. 대추는 돌려깎기하여 일부는 채 썰고 나머지는 굵게 다진다.
3. 전복은 껍데기와 살 사이에 숟가락을 넣어 살을 분리한 뒤 내장을 제거하고 살만 깍둑썰기한다.
4. 찹쌀과 육수 1컵을 믹서에 넣고 50% 쪼개지도록 간다.
5. 냄비에 남은 육수와 ④를 끓이다가 표고버섯, 수삼, 밤, 대추, 찢은 닭고기 살을 넣고 한 번 더 살짝 끓인 뒤 마늘과 전복을 넣어 한소끔 끓인다.

* 양배추 김치는 p.114에 있습니다.

원기회복에 좋은 여름 밥상

가지 미나리 나물

몸의 열을 내려준다는 가지. 다양한 요리에 쓰이지만 저는 주로 미나리와 함께 양념에 조물조물 무쳐 먹어요. 맛도 좋을 뿐만 아니라 먹고 나면 굉장히 건강해진 느낌이 들거든요. 손이 많이 가서 어렵지만 만들고 나면 꽤 괜찮은 요리로 변신한답니다. 재료를 단시간에 볶는 것이 요리의 포인트예요.
부드러운 가지와 향긋한 미나리를 간장 양념에 버무린 가지 미나리 나물 하나만 있으면 올 여름나기도 문제 없을 것 같네요.

재료(4인분)
가지 ·············· 2개
미나리 ············ 1/3단
쇠고기 ············ 100g

쇠고기 밑간
간장 ············· 1큰술
설탕 ············· 1작은술
다진 마늘 ········ 1작은술
참기름 ············ 1작은술
청주 ············· 1작은술
후춧가루 ·········· 약간

양념장
간장 ············· 2큰술
멸치액젓 ·········· 1작은술
매실청 ············ 1큰술
다진 파 ··········· 1큰술
통깨 ············· 약간
후춧가루 ·········· 약간

이렇게 만들어 보세요

1. 가지는 4cm 길이로 썰고 다시 1cm 두께로 돌려깎기하여 가운데 씨부분을 제거한다.
2. 돌려깎기한 가지는 크기에 따라 4~5등분한다.
3. 미나리는 줄기만 다듬어 4cm 길이로 썬다.
4. 쇠고기는 결대로 채 썰어 밑간에 10분간 재운다.
5. 분량의 양념장 재료를 모두 섞는다.
6. 가지, 미나리, 쇠고기 순으로 팬에 약간의 소금(분량 외)을 넣고 볶은 후 꺼낸다.
7. 양념장을 팬에 넣고 바글바글 끓인 후 볶아 놓은 ⑥을 넣고 살짝 섞는다.

원기회복에 좋은 여름 밥상

오징어 마 조림

마가 몸에 좋다는 건 누구나 아는 사실이지만 요리해 먹으려고 하면 막상 손이 가지 않죠?
항상 갈아 마시기만 했던 마를 오징어와 함께 조려보았어요. 달짝지근한 일본된장과 매콤한 꽈리고추를 넣었더니 별미 반찬이 되더라고요. 마의 아삭함을 한껏 느끼실 수 있는 오징어 마 조림, 여름을 건강하게 이겨낼 수 있게 도와줄 거예요.

재료(4인분)
- 오징어(몸통) ············ 1마리
- 마 ························· 50g
- 꽈리고추 ················ 10개
- 건고추 ···················· 1개

양념장
- 우동쓰유(p.17) ········ $1\frac{1}{2}$큰술
- 일본된장 ················ $\frac{1}{2}$큰술
- 소금 ····················· $\frac{1}{2}$작은술
- 혼다시 ·················· $\frac{1}{2}$작은술

이렇게 만들어 보세요

1. 오징어는 밀가루(분량 외)를 뿌려 5분간 두었다가 박박 주물러 흐르는 물에 헹군 뒤 체에 밭쳐 물기를 제거하고 1㎝ 두께의 링 모양으로 썬다.
2. 마는 깨끗이 씻은 뒤 감자필러로 껍질을 벗긴다. 껍질 벗긴 마는 둥근 모양을 살려 1㎝ 두께로 썬다.
3. 꽈리고추는 꼭지를 제거한 뒤 이쑤시개를 이용하여 2~3군데 찔러 구멍을 낸다.
4. 건고추는 2㎝ 길이로 자른다.
5. 분량의 양념장 재료를 모두 섞는다.
6. 냄비에 물 1컵과 설탕 2큰술을 붓고 끓으면 오징어와 마를 넣은 후 뚜껑을 덮어 중불에서 익힌다(뚜껑은 반드시 구멍이 있어야 하고 뚜껑이 없을 때는 쿠킹포일에 구멍을 뚫어 덮는다).
7. 양념장을 냄비에 붓고 끼얹어가며 중불에서 더 끓이다가 건고추, 꽈리고추를 넣어 국물이 자작할 때까지 조린다.

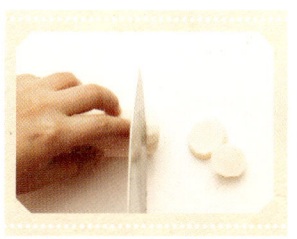

원기회복에 좋은 여름 밥상

쌈밥

여름이면 커다란 상추에 밥 한 숟가락, 쌈장 한 숟가락 얹은 쌈밥이 생각나지 않으세요? 시원한 대청마루나 바람 부는 평상 위라면 더욱 좋겠지요. 더운 여름, 불 앞에서 요리하지 않고도 맛있게 쌈밥을 즐길 수 있는 방법을 알려드릴게요. 한 번에 넉넉히 만들어 두면 한 달은 두고두고 먹을 수 있는 요리이니 눈여겨보세요. 영양학적으로도 완벽하고 손님상에 내놓기에도 제격이죠.

쌈 반찬 01

수제 꽁치 조림

남편이 좋아하는 밥반찬입니다. 싱싱한 꽁치를 넉넉히 사서 압력솥에 넣고 푹 쪘어요. 냉장고에 두고 쌈에 싸먹어도 맛있고, 김밥에 넣어도 맛있답니다. 양념장은 다양한 생선 조림장에 이용하셔도 돼요. 냉장고에서 한 달간 보관이 가능하니 넉넉히 만들어 두세요. 반찬 없을 때 꺼내 먹기 좋은 비상 반찬 역할을 톡톡히 해주니까요.

재료(4인분)
꽁치 ············· 5마리

양념장
간장 ············· 2큰술
맛간장(p.17) ······ 1큰술
청주 ············· 1큰술
생강퓌레(p.15) ···· 1작은술
매실청 ············ ½큰술
건고추 ············ 1개
다진 마늘 ········· 1큰술
다진 청양고추 ····· 2큰술
다진 파 ··········· 4큰술
설탕 ·············· 1큰술
물엿 ·············· 1큰술
양파즙 ············ 1큰술
통후추 ············ 약간

이렇게 만들어 보세요

1. 꽁치는 7cm 길이로 썰어 찬물에 30분간 담가 핏물을 빼고 흐르는 물에 깨끗이 씻는다.
2. 건고추는 어슷 썬다.
3. ②와 분량의 양념장 재료를 모두 섞는다.
4. 압력솥에 물기를 제거한 꽁치와 양념장을 넣고 10분간 찐다.
5. 뚜껑을 열고 윤기가 나도록 뒤적이며 조린다.

쌈 반찬 02

매운 멸치 볶음

여름에는 매콤한 요리가 자주 생각나죠. 멸치를 고추기름에 볶아 쌈밥 정식에 곁들이면 깔끔한 매운 맛을 느낄 수 있답니다. 씹는 맛도 풍부하고 칼슘 섭취에도 도움이 되니 꼭꼭 씹어 드세요. 오래가는 밑반찬이라 기본 반찬으로도 유용하지요. 국물도 많지 않아 도시락 반찬으로도 좋아요.

재료(4인분)
볶음용 멸치 ········· 100g
(작은 것)
홍고추 ················· 1/4개
청고추 ················· 1/4개
맛술 ··············· 1작은술

양념장
고추기름 ············ 2큰술
카놀라오일 ········· 1큰술
올리고당 ············ 1큰술
맛간장(p.17) ······· 2큰술
설탕 ··················· 1큰술
참기름 ················· 약간
통깨 ···················· 약간

이렇게 만들어 보세요
1. 청·홍고추는 얇게 어슷 썬다.
2. 참기름과 통깨를 제외한 분량의 양념장 재료를 모두 섞는다.
3. 마른 팬에 멸치를 넣고 중불에서 타지 않도록 노릇하게 익히고 채반에 펼쳐 맛술을 넣고 섞는다.
4. 팬에 양념장을 붓고 끓인다.
5. ④의 양념장에 멸치를 넣어 골고루 버무리고 참기름, 통깨를 넣어 마무리한다.

쌈 반찬 03

약고추장

미리 만들어 두면 밑반찬으로도 쓰고 손님상에도 낼 수 있는 효자 메뉴랍니다. 저는 외국에 나갈 때도 선물로 약고추장을 꼭 챙겨가요. 시아버님이 일본에 교환 교수로 가실 때 싸드렸는데 일본 분들에게도 환영받았다고 하더라구요.

재료(4인분)
쇠고기(간 것) ········ 100g
참기름 ················· 1큰술
배즙 ··················· 3큰술
고추장 ···················· 1컵
설탕 ··················· 1큰술
매실청 ············ 1작은술
다진 잣 ·············· 2큰술
꿀 ······················· 2큰술

쇠고기 밑간
간장 ················ 1작은술
설탕 ················ 1작은술
다진 파 ············ 2작은술
다진 마늘 ········ 1작은술

이렇게 만들어 보세요
1. 쇠고기는 밑간에 10분간 재운다.
2. 팬에 참기름을 두르고 쇠고기를 80%까지 익히고 배즙을 넣어 국물이 자작할 때까지 볶는다.
3. 고추장, 설탕, 매실청 순으로 넣어 타지 않도록 저어가며 10분간 약불에서 볶는다.
4. 다진 잣과 꿀을 넣어 잘 섞는다.

원기회복에 좋은 여름 밥상

쌈 반찬 04

참치 쌈장

처음 참치 쌈장을 접하게 된 것은 친정어머니 덕분이었지요. 통조림 참치는 많이들 안 먹으니까 쌈장에 섞어 새로운 메뉴로 만들어 주셔서 먹게 되었어요. 된장과 고추장이 잘 배합된 새로운 소스에 각종 채소를 넣어 영양도 보충되고 맛과 색도 한층 좋아졌어요. 고기 없이도 생선에 곁들여 먹을 수 있고 가시 발라내는 불편한 과정도 없답니다. 비린내도 나지 않으니 생선을 잘 먹지 않는 분들에게도 한 번 권해보세요.

재료(4인분)

통조림 참치	150g
풋고추	1개
청양고추	1개
양파	$\frac{1}{2}$개
된장	$\frac{1}{4}$컵
고추장	$\frac{1}{2}$큰술
고춧가루	$\frac{1}{2}$큰술
통깨	1큰술
다진 마늘	1큰술
생강퓌레(p.15)	$\frac{1}{2}$작은술
참기름	1큰술
설탕	$\frac{1}{2}$큰술
물	$\frac{1}{3}$컵
맛술	1큰술

이렇게 만들어 보세요

1. 통조림 참치는 체에 밭쳐 기름을 제거한다.
2. 풋고추, 청양고추, 양파는 씹히는 느낌이 있도록 굵게 다진다.
3. 냄비에 참기름을 두르고 통조림 참치를 볶다가 나머지 재료를 모두 넣어 되직하게 조린다.

쌈 반찬 05

쌈채소

무더운 여름, 잃어버린 입맛을 찾기에는 쌈 채소가 단연 최고지요. 아삭아삭한 식감과 시원한 향, 그리고 쌉싸래한 끝맛까지. 쉽게 구할 수 있는 쌈 채소를 소개합니다.

상추
저는 쌈 채소하면 상추가 가장 먼저 떠오른답니다. 구하기도 쉽고 손질도 쉽지요. 쌈 채소로도 맛있지만 겉절이나 비빔밥에도 넣어 보세요.

깻잎
향긋한 향이 일품인 깻잎이 들깨의 잎사귀라는 것, 알고 계세요? 생으로 먹어도 좋지만 고기와 함께 곁들이거나 장아찌, 김치, 부각으로도 많이 이용해요.

쑥갓
쑥갓을 쌈 채소로 이용할 때는 다른 야채와 함께 곁들여 먹는 것이 좋아요. 쑥갓의 향이 너무 강하다고 느낄 수도 있거든요.

양배추
아삭아삭 양배추. 찜통에서 푹 찌면 은은한 단맛이 나는 부드러운 쌈 채소로 변신한답니다.

Woo's Kitchen

먹을거리 풍성한 가을 밥상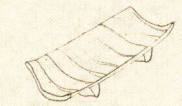

{ 정겨운 마음 구수한 밥상 } 잔멸치 시래기밥 + 토란탕 + 배추전 + 통도라지 무침

{ 입맛 살아나는 깔끔한 밥상 } 맑은 낙지 버섯탕 + 단감을 곁들인 육전 냉채 + 사과 드레싱 무 샐러드

{ 기분좋은 날 별미 밥상 } 타이풍의 해산물 카레밥 + 치즈를 얹은 함박스테이크 + 페스토소스의 모둠버섯구이 + 가을 초나물

가을은 과일이며 햇곡식이며 풍성한 먹거리가 많이 나오는 계절이지요. 환절기 감기도 예방하고 다가오는 겨울을 대비하기 위해 제철 음식으로 영양소를 충분히 공급해줄 필요가 있어요. 제가 많이 하는 가을 음식은 소박한 맛의 토란국인데요, 맛있는 토란국을 만드는 비결은 바로 토란을 쌀뜨물에 삶는 거예요. 그냥 물에 삶으면 잡맛이 나고 미끄덩한 질감도 좋지 않거든요. 다시마 넣는 것도 잊지 마세요.
국으로 내고 남는 토란은 초간장에 찍어 먹어도 맛있답니다.

가을 제철 식재료

토실토실 부드러운 토란

흙에서 나온 알처럼 생겼다고 하여 토란이라고 불린다는 이야기가 있습니다. 영양이 알차게 들어 있어 알토란이라고도 부르고요. 무침이나 국을 끓여 먹으면 토란 특유의 맛을 제대로 느낄 수 있답니다.

- **고르기** _ 둥근 타원형이 잘 살아 있고 껍질이 얇은 것이 좋습니다.
- **손질하기** _ 장갑을 착용하고 껍질을 벗깁니다. 아린 맛을 제거하기 위해 쌀뜨물에 잠시 담가둔답니다.
- **보관하기** _ 흙이 묻은 상태의 토란을 신문지로 싸서 서늘한 곳에 보관합니다.

가을을 대표하는 과일 단감

감나무에 주렁주렁 열린 감은 가을을 대표하는 과실이지요. 감에는 사과의 6배나 되는 비타민C가 들어 있어서 면역력을 키워주고 감기 예방에도 도움을 준답니다.

- **고르기** _ 껍질에 탄력과 윤기가 있으며 표면의 색과 모양이 고른 것이 좋습니다. 또한 꼭지가 황색으로 튀어나온 것이 싱싱하답니다.
- **손질하기** _ 흐르는 물에 깨끗이 씻어 다양한 요리에 이용합니다.
- **보관하기** _ 밀봉하여 냉장고에 보관합니다.

참 쉬운 보약 사과

하루 사과 한 개면 보약이 부럽지 않다고들 말하죠? 그만큼 사과는 우리 몸에 이로운 과일입니다. 특히나 껍질에는 펙틴과 같은 좋은 성분이 함유되어 있으니 꼭 껍질째 먹도록 하세요.

- **고르기** _ 껍질에 광택이 나며 조직이 단단한 것이 좋은 사과입니다.
- **손질하기** _ 흐르는 물에 깨끗이 씻어 다양한 요리에 이용합니다.
- **보관하기** _ 사과에서 발생하는 에틸렌 가스는 사과를 빨리 시들게 합니다. 비닐봉지에 꽁꽁 싸서 가스가 새어나오지 못하도록 하고 냉장고에 보관하세요.

향과 영양이 뛰어난 버섯

가을이 되면 온 지천에 퍼지는 버섯 향이 참 좋습니다. 버섯만큼 다양한 요리를 만들 수 있고 그 자체만으로도 뛰어난 식재료가 또 있을까요?

* **고르기** _ 탄력이 있고 단단하며 무르지 않은 것, 상처가 없는 것이 좋습니다.
* **손질하기** _ 물기가 닿지 않도록 마른 행주로 겉에 묻은 먼지를 닦아줍니다.
* **보관하기** _ 물기가 닿지 않은 상태에서 신문지로 싸서 냉장고에서 보관합니다.

속이 꽉 찬 배추

더운 여름을 이겨낸 가을 배추는 특유의 아삭함과 시원함이 살아 있어 어떤 요리를 해도 맛이 뛰어나답니다. 김치나 배추 고유의 맛을 느낄 수 있는 전을 만들어보세요.

* **고르기** _ 묵직하고 속이 꽉 차 있어야 하고 겉잎에 검은 반점이 없어야 합니다. 또한 잎의 끝이 안쪽으로 감싸듯이 향하고 있는 것이 좋은 배추입니다.
* **손질하기** _ 배추는 밑동에 흙이 많으므로 흐르는 물에서 깨끗이 씻어줍니다.
* **보관하기** _ 신문지로 싸고 분무기로 물을 뿌려 세운 상태로 서늘한 곳에 보관합니다.

가을철 보양식품 낙지

일어나지 못하는 소에게 낙지 서너 마리만 먹이면 거뜬히 일어난다는 정약용 선생의 말씀이 있습니다. 이처럼 낙지는 보양식으로, 원기 충전식으로 오랜 세월 사랑받아 왔습니다.

* **고르기** _ 전체적으로 윤기가 나며 광택이 돌아야 하고, 흡반을 만져봤을 때 당기는 힘이 강한 것이 좋은 낙지입니다.
* **손질하기** _ 머리를 뒤집어 내장과 먹물, 눈을 잘라냅니다. 밀가루를 뿌려 문질러 이물질 제거 후 흐르는 물에 씻으세요.
* **보관하기** _ 손질 후 끓는 물에 살짝 데쳐 한 번에 먹을 양만큼씩 나눠 냉동실에 보관합니다.

잔멸치 시래기 밥

우리 선조들은 정말 지혜로우셨던 것 같아요. 채소가 부족한 겨울을 위해 무청을 말려서 시래기를 만들고, 배춧잎을 말려서 우거지를 만든 것을 보면 말이에요. 비타민과 미네랄이 풍부한 시래기는 데쳐서 냉동실에 넣어 두면 일 년 내내 다양하게 먹을 수 있어요. 생선과 함께 자작하게 끓여 찌개를 만들기도 하고, 된장에 조물조물 무치기도 하고…. 저는 특이하게 칼슘의 왕 잔멸치와 함께 넣고 밥을 지어 먹는답니다. 조림 양념장에 쓱쓱 비비기만 하면 다른 반찬이 필요 없거든요.

재료(4인분)

따뜻한 밥	4인분
잔멸치	60g
무청시래기	60g
날치알	2큰술
무	$\frac{1}{6}$개
단무지	50g
검은깨	약간

조림장

다시마육수(p.13)	$\frac{2}{3}$컵
간장	1큰술
설탕	$\frac{1}{2}$큰술
청주	$\frac{1}{2}$큰술
생강즙	$\frac{1}{2}$작은술
참기름	1작은술

이렇게 만들어 보세요

1. 다시마육수를 끓인다.
2. 잔멸치는 짠맛을 없애기 위해 찬물에 20분간 담갔다가 체에 밭쳐 물기를 제거한다.
3. 시래기는 겉의 얇은 막을 손으로 벗겨 흐르는 물에 헹구고 물기를 꼭 짜서 2㎝ 길이로 썬다.
4. 날치알은 체에 밭쳐 흐르는 물에 헹구고 물기를 제거한다.
5. 무와 단무지는 2×2㎝ 크기로 썬다.
6. 분량의 조림장 재료를 모두 냄비에 넣고 끓으면 시래기와 잔멸치, 무를 넣고 양념이 2큰술정도 남을 때까지 조린다.
7. 따뜻한 밥에 ⑥과 단무지, 날치알, 검은깨를 넣고 골고루 섞는다.

토란탕

추석이 되면 토란탕을 먹는 이유를 아시나요? 토란은 지방을 분해하고 소화를 도와주는 작용을 한다고 해요. 기름진 음식과 과식으로 건강이 나빠지기 쉬운 명절에는 그래서 토란탕을 끓여 먹었지요. 간혹 예민한 사람들은 토란을 손질하고 나면 손이 간지럽다고들 하시는데, 이때는 장갑을 끼고 손질하셔야 해요. 또 아린 맛이 강하니 반드시 쌀뜨물에 한 번 삶은 뒤 요리하는 것도 잊지 마세요.

재료(4인분)

토란	15개
무	$\frac{1}{6}$개
대파	$\frac{1}{2}$단
다진 마늘	1작은술
국간장	1큰술
참기름	1큰술
소금	약간
후춧가루	약간

쇠고기육수

쇠고기 양지머리	200g
물	6컵
양파	$\frac{1}{4}$개
다시마(5×5cm)	4장

이렇게 만들어 보세요

1. 쇠고기는 찬물에 담가 핏물을 제거하고 차가운 물에 양파, 다시마와 함께 끓여 육수를 낸다. 쇠고기를 젓가락으로 찔러보았을 때 핏물이 나오지 않으면 다 익은 것이다.
2. 끓인 육수는 뜨거울 때 면 보자기에 거른다.
3. 쇠고기는 건져내 한입 크기로 썰고 국간장과 참기름으로 밑간한다.
4. 다시마는 가위를 이용하여 3×2㎝ 크기로 자른다.
5. 깨끗이 씻은 토란은 필러를 사용하여 껍질을 벗긴다. 알레르기가 있는 경우 비닐장갑을 착용한다.
6. 껍질 벗긴 토란은 흐르는 물에 씻어 쌀뜨물에 10분간 삶았다가 찬물에 헹구고 한입 크기로 썬다.
7. 무는 한입 크기로 나박썰기하고, 대파는 얇게 어슷 썬다.
8. 쇠고기육수를 한번 더 끓여 토란과 무, 다시마, 쇠고기, 나머지 재료를 넣어 10분간 끓이고 마지막에 소금과 후춧가루로 간한다.

배추전

아시는 분은 아시겠지만, 배추전은 경상도 지방의 향토음식이에요. 경상도에서는 제사상에 빠지지 않고 올리는 음식이고요, 김장철에는 김치를 담고 남는 겉배춧잎으로 늘 해먹는 별식이었다고 해요. 저는 서울 사람이라 처음에는 낯설었는데 한 번 먹어보고 나서는 고소한 그 맛에 푹 빠졌답니다.

재료(4인분)
배춧잎 ·················· 10장
카놀라오일 ············· 약간

부침옷
밀가루 ·················· 4큰술
튀김가루 ··············· 2큰술
물 ························ 1컵
국간장 ·················· 1큰술
들기름 ·················· 1큰술
소금 ····················· 약간

이렇게 만들어 보세요

1. 배춧잎의 두꺼운 줄기 부분을 칼등으로 두들겨 뻣뻣함을 없앤다.
2. 분량의 부침옷 재료를 모두 섞는다.
3. 배춧잎의 앞뒤로 마른 밀가루(분량 외)를 살짝 입히고 다시 부침옷을 얇게 입힌다.
4. 기름 두른 팬에서 잎 부분이 타지 않도록 노릇하게 지진다.

먹을거리 풍성한 가을 밥상

통도라지 무침

요즘 시중에 나오는 도라지는 손질을 거쳐 찢어진 상태로 팔기 때문에 국산인지 수입산인지 구분하기 힘든 게 사실이에요. 그래서 전 항상 통도라지를 껍질째 구입한답니다. 손질이 조금 번거롭지만 도라지 본래의 쌉쓰름한 향과 맛을 느끼기 위해서지요.

사포닌과 같은 몸에 좋은 성분을 많이 함유한 뿌리채소 도라지 무침. 건강한 가을나기에 꼭 필요한 음식이에요.

재료(4인분)

통도라지	200g
오징어(몸통)	1마리
밤	5개
깻잎	10장
양파	½개

단촛물

설탕	2큰술
소금	1큰술
식초	3큰술

양념장

고춧가루	2큰술
고추장	1½큰술
간장	1큰술
설탕	1큰술
올리고당	1큰술
식초	1큰술
통깨	1큰술
다진 마늘	1큰술
레몬즙	1½큰술

이렇게 만들어 보세요

1. 분량의 단촛물을 설탕이 녹을 때까지 섞는다.
2. 도라지는 윗동을 잘라내고 칼날로 긁어 껍질을 제거하고 깨끗이 씻어 5㎝ 길이로 썰고 다시 길이로 2등분한다.
3. 손질한 도라지에 약간의 소금(분량 외)을 뿌려 박박 주물러 흐르는 물에 헹군 뒤 체에 밭쳐 물기를 제거하고, 단촛물에 담가 20분간 재운다. 재운 통도라지는 헹구지 않고 마른 행주로 물기만 제거한다.
4. 밤은 편 썰고 깻잎은 2㎝ 두께로 썬다.
5. 양파는 0.5㎝ 두께로 채 썰어 찬물에 담가 매운맛을 제거하고 체에 밭쳐 물기를 제거한다.
6. 오징어는 밀가루(분량 외)를 뿌려 잠시 두었다가 박박 주물러 흐르는 물에 헹군 뒤 체에 밭쳐 물기를 제거하고 1㎝ 두께의 링 모양으로 썬다.
7. 썰어 놓은 오징어는 끓는 물에 데치고 찬물에 헹군다.
8. 분량의 양념장 재료를 모두 섞은 후 준비된 재료를 넣고 골고루 버무린다.

맑은 낙지 버섯탕

속까지 뜨끈하게 해주는 낙지 버섯탕은 낙지를 자르지 않고 통으로 넣어 푸짐한 맛을 살렸답니다. 특히 가을이 제철인 버섯을 다양하게 넣어봤어요. 고추장이나 고춧가루를 사용하지 않아 깔끔한 맛을 자랑하는 메뉴입니다. 특히 청양고추 특유의 칼칼함이 쌀쌀한 가을 추위를 잊게 해줄 거예요.

재료(4인분)
- 낙지 ············· 2마리
- 느타리버섯 ········· 1봉
- 백만송이버섯 ······· ½봉
- 팽이버섯 ··········· 1봉
- 쇠고기 양지머리 ··· 100g
- 미나리 ············· ½단
- 숙주 ··············· 1줌
- 양파 ··············· ½개
- 무 ················· ⅙개
- 청양고추 ··········· 2개
- 홍고추 ············· 1개

쇠고기·느타리버섯 밑간
- 간장 ············· 1작은술
- 참치액젓 ········· 1작은술
- 다진 마늘 ········ ½작은술
- 통깨 ············· 1작은술

육수
- 멸치육수(p.13) ····· 5컵
- 건새우 ········· 5~6마리
- 건표고버섯 ········· 3장

이렇게 만들어 보세요

1. 멸치육수에 건새우와 건표고버섯을 넣고 끓인 뒤 육수만 체에 밭쳐 거른다.
2. 느타리버섯은 3등분으로 찢어 끓는 물에 데치고 물기를 꼭 짠다.
3. 백만송이버섯은 낱개로 뜯고 팽이버섯은 한입 크기로 찢는다.
4. 쇠고기는 한입 크기로 썰고, 느타리버섯과 함께 분량의 밑간에 10분간 재운다.
5. 미나리는 줄기만 다듬어 3cm 길이로 썰고, 숙주는 꼬리를 제거한다.
6. 청양고추와 홍고추는 어슷 썬다.
7. 양파는 채 썰고 무는 나박썰기한다.
8. 낙지는 밀가루(분량 외)를 뿌려 5분간 두었다가 박박 주물러 흐르는 물에 헹군 뒤 체에 밭쳐 물기를 제거하고 약간의 소금, 후춧가루, 청주, 참기름(분량 외)에 10분간 재운다.
9. 전골 팬에 쇠고기와 느타리버섯을 넣고 볶다가 양파, 무, 백만송이버섯, ①의 육수를 넣는다. 한소끔 끓으면 낙지와 청양고추, 숙주를 넣고 한 번 더 끓인다.
10. 불을 끄기 직전에 미나리와 팽이버섯, 홍고추를 넣고 소금(분량 외)으로 간한다.

먹을거리 풍성한 가을 밥상

단감을 곁들인 육전 냉채

전라도에서 육전을 드셔보신 적 있으신가요? 거기서 육전을 주문하면 정말 특별한 광경을 목격하실 수 있을 거예요. 얇게 썬 신선한 쇠고기와 다양한 밑반찬, 그리고 밀가루풀이 작은 접시에 곁들여 나온답니다. 바로 즉석에서 구워먹는 육전이지요. 지글지글 불판에 밀가루풀을 묻힌 쇠고기를 얹은 후 그 자리에서 구워먹는 육전. 앞뒤로 살짝만 익힌 쇠고기는 육즙이 빠져나가지 않아 그 맛이 예술이에요. 저는 파 겉절이나 쌈 채소에만 곁들여 먹던 육전을 달콤한 과일과 함께 버무려 냉채로 만들어보았어요.

재료(4인분)

쇠고기 홍두깨살	300g
단감	½개
곶감	1개
배	½개
사과	½개
대추	1개
밀가루	1컵
달걀	3개

겨자 소스

간장	2큰술
물	3큰술
설탕	2큰술
배즙	1큰술
홀 그레인 머스타드	½작은술
연겨자	1작은술
레몬즙	1큰술
후춧가루	약간

이렇게 만들어 보세요

1. 분량의 겨자 소스 재료를 모두 섞어 실온에서 숙성시킨다.
2. 사과는 껍질째로, 배와 감은 껍질을 제거하고 길이로 채 썰어 약간의 설탕(분량 외)으로 버무린다.
3. 곶감은 씨를 제거하여 채 썰고 대추는 돌려 깎아 씨를 제거하고 채 썬다.
4. 쇠고기에 약간의 소금과 후춧가루, 참기름(분량 외)을 뿌려 밑간 후 밀가루를 묻히고 풀어 놓은 달걀을 입힌다.
5. 기름 두른 팬에 쇠고기를 얹고 달걀이 익을 정도로 살짝 구워 육전을 만든다.
6. 대추를 제외한 과일을 ①의 겨자 소스와 버무려 구워놓은 육전과 함께 접시에 담고 겨자 소스를 골고루 뿌린다. 대추로 장식한다.

*** **홀 그레인 머스타드** 머스타드 씨를 거칠고 굵게 부수어 식초와 향신료를 섞어 만든 머스타드예요. 씨의 형태가 살아 있어 머스타드 종류 중에서 톡쏘는 향이 가장 강하고 특유의 시큼한 맛이 살아있는 머스타드입니다. 육류와 특히 잘 어울려 밑간, 소스용으로 많이 쓰이지만 요즘은 햄이나 소시지, 빵에 그냥 발라 먹기도 한답니다.

사과 드레싱 무 샐러드

패스트푸드점에 가면 자주 사먹는 코울슬로(Coleslaw) 샐러드 아시죠? 이번 요리는 코울슬로를 응용해서 만든 샐러드예요. 단맛이 가득한 제철 과일 사과를 갈아서 드레싱에 이용하고 샐러드로 적합한 자색 무(보르도 무)를 넣어서 새콤달콤한 맛이 나게 만들어 보았어요. 특히 마요네즈 대신 플레인요구르트를 넣어 건강에도 좋아요.

재료(4인분)
- 자색 무(보르도 무) ······ $\frac{2}{3}$개
- 사과 ······ $\frac{1}{2}$개
- 양파 ······ $\frac{1}{3}$개
- 셀러리 ······ 1대

사과 드레싱
- 사과 ······ 100g
- 플레인요구르트 ······ 2큰술
- 생크림 ······ 1큰술
- 식초 ······ 2큰술
- 레몬즙 ······ 1큰술
- 설탕 ······ 1큰술
- 소금 ······ $\frac{1}{2}$작은술
- 포도씨오일 ······ 1큰술
- 후춧가루 ······ 약간

이렇게 만들어 보세요

1. 7~8cm 길이로 썬 자색 무를 고운 채칼로 채 썰어 찬물에 10분간 담갔다가 물기를 꼭 짠다.
2. 사과는 껍질째 곱게 채 썰어 약간의 설탕(분량 외)과 버무린다.
3. 양파는 곱게 채 썰어 찬물에 담가 매운맛을 제거한 뒤 체에 받쳐 물기를 제거한다.
4. 셀러리는 칼날로 겉막의 섬유질을 제거한 후 곱게 채 썰고 찬물에 헹궈 물기를 제거한다.
5. 분량의 사과 드레싱 재료는 믹서에 곱게 간다.
6. 자색 무, 사과, 양파, 셀러리는 사과 드레싱과 골고루 버무려 냉장고에 넣어 1시간 숙성시킨다.

*** **자색 무(보르도 무)** 일명 보라색 무라고 불리는 무의 한 종류입니다. 보르도 와인과 색깔이 비슷해 보르도 무라고 부른다고 해요. 제주도에서 키운 보르도 무는 일반 무보다 살이 더 단단하고 단맛이 강한 것이 특징이에요. 예전보다 구하기 쉬워졌다고 해도 아직은 대중적이진 않더라고요. 백화점 식품 코너에서 찾아볼 수 있어요.

타이풍의 해산물 카레밥

타이 카레는 전문 태국 레스토랑에 가야만 먹을 수 있다고 생각하셨죠? 부드러운 코코넛밀크와 진한 카레향이 가득한 커리 페이스트만 있다면 얼마든지 집에서 쉽게 만들 수 있어요. 일반 카레도 좋지만, 가끔 색다른 카레를 즐기고 싶을 때 도전해보세요. 단호박, 양파, 오징어, 새우를 큼직큼직하게 썰어 넣고 보글보글 끓이기만 하면 근사한 타이 카레가 완성된답니다.

재료(4인분)
- 새우(대하) ············ 4마리
- 관자 ·················· 4개
- 오징어(몸통) ·········· $\frac{1}{2}$마리
- 단호박 ················ $\frac{1}{6}$개
- 양파 ·················· $\frac{1}{2}$개
- 마늘 ·················· 1쪽
- 청고추 ················ 1개
- 홍고추 ················ 1개
- 바질 ·················· 2~3장
- 커리 페이스트 ········· 1큰술
- 코코넛밀크 ············ 2컵
- 카레가루 ·············· 1작은술
- 피시소스 ·············· $1\frac{1}{2}$큰술
- 채소육수(p.13) ········ $\frac{1}{4}$컵
- 설탕 ·················· 1작은술

이렇게 만들어 보세요

1. 채소육수를 끓인다.
2. 새우는 머리와 껍질을 제거하고, 관자는 겉막을 제거한 뒤 0.3cm 두께로 편 썬다.
3. 오징어는 밀가루(분량 외)를 뿌려 잠시 두었다가 박박 주물러 흐르는 물에 헹군 뒤 체에 받쳐 물기를 제거하고 1cm 두께의 링 모양으로 썬다.
4. 단호박은 씨를 빼고 전자레인지에 넣어 강에서 2분간 익혀 살짝 무르게 한다. 필러로 껍질을 듬성듬성 벗기고 한입 크기로 깍둑썰기한다.
5. 양파는 호박과 같은 크기로 썰고, 마늘은 얇게 편 썬다. 청·홍고추는 얇게 어슷 썬다.
6. 냄비에 기름을 두르고 마늘, 양파를 볶다가 커리 페이스트와 코코넛밀크를 넣어 끓인다. 끓으면 카레가루를 넣어 한 번 더 끓인다.
7. ⑥에 새우, 관자, 오징어 그리고 바질을 넣어 조리다가 채소육수와 단호박, 청·홍고추, 피시소스를 넣고 마지막에 설탕을 넣어 간한다.

*** **커리 페이스트** 일반적인 노란 카레 가루가 아닌 페이스트 형태의 카레입니다. 태국 커리 페이스트를 구입하러 가면 yellow, red, green 등과 같이 다양한 종류를 볼 수 있는데 그 중 yellow 커리 페이스트가 가장 매운맛이 약하고 카레의 향이 풍부해 편하게 사용할 수 있어요. 강황이 많이 첨가되어 있어서 노란색이 뚜렷하고 해산물, 닭고기와 잘 어울립니다.

*** **코코넛밀크** 야자나무 열매인 코코넛의 껍질에 붙어 있는 과육에서 뽑아낸 엑기스를 코코넛밀크라고 합니다. 부드럽고 달콤한 맛이 특징이에요. 요리에서 우유 대신 사용하면 부드러운 코코넛 향이 첨가되어 색다른 요리가 탄생할 거예요.

치즈를 얹은 함박스테이크

어릴 적, 특별한 날에만 먹을 수 있었던 함박스테이크가 이제는 추억의 음식이 되어버렸네요. 저는 함박스테이크를 만드는 날이면 여유 있는 마음으로 넉넉히 만든답니다. 만들면서 하나 구워먹기도 하고, 랩으로 꼼꼼히 감싸 냉동실에 차곡차곡 쌓아두기도 합니다. 또 때로는 예쁘게 포장해서 친한 친구들에게 나눠주기도 하죠. 다 같이 추억을 떠올려보자는 의미에서요.

재료(4인분)
함박스테이크
쇠고기 홍두깨살 …… 250g
(간 것)
돼지고기 목살 ……… 100g
(간 것)
양파 ………………… ½개
냉장버터 …………… 100g
토마토 ……………… 1개
우스터 소스 ………… ½큰술
생크림 ……………… 2큰술
빵가루 ……………… ½컵
달걀 ………………… 1개
소금 ………………… 약간
후춧가루 …………… 약간

생모짜렐라 치즈 …… 100g
볶음용 양파 ………… 1개
조린 발사믹 ………… 4큰술

이렇게 만들어 보세요

1. 볶음용 양파는 곱게 채 썰어 팬에 버터(분량 외)를 넣고 볶다가 발사믹식초 1큰술, 간장 1작은술을 넣고 갈색이 나도록 볶아둔다.
2. 생모짜렐라 치즈는 4등분한다.
3. 함박스테이크용 양파는 곱게 채 썰어 기름 두른 팬에서 갈색이 날 때까지 중불에서 볶은 후 채반에 펼쳐 식힌다.
4. 버터는 1×1cm 크기로 깍둑썰기하고, 토마토는 1cm 두께의 링 모양으로 썬다.
5. 버터를 제외한 함박스테이크 재료를 볼에 넣고 10분간 치대어 80~90g씩 4등분한다.
6. ⑤를 둥근 공 모양으로 만들고 가운데에 버터를 한 조각씩 넣어 2cm 두께의 스테이크 모양으로 만든다. 앞뒤로 밀가루(분량 외)를 살짝 묻힌다.
7. 기름 두른 팬에 함박스테이크를 올린 후 뚜껑을 덮어 중불에서 속까지 익힌다. 옆면이 갈색이 되어 90% 익었을 때 뒤집는다. 썰어 놓은 토마토를 함박스테이크 위에 한 개씩 올리고, 모짜렐라 치즈를 올린 후 다시 뚜껑을 닫아 치즈가 녹을 정도로만 한 번 더 익힌다.
8. 그릇에 함박스테이크를 얹고 볶은 양파와 조린 발사믹을 뿌린다.

> **Tip 조린 발사믹 만들기**
>
> 발사믹식초는 미리 넉넉히 조려두면 다양하게 사용할 수 있답니다.
> **재료** 발사믹식초 ½병, 흑설탕 2큰술, 물엿 2큰술
> **방법** 발사믹식초를 냄비에 붓고 센 불에서 끓이다가 양이 ½로 줄어들면 흑설탕, 물엿을 넣어 중불에서 진득해질 때까지 조린다.

먹을거리 풍성한 가을 밥상

페스토 소스의 모둠버섯구이

쌀쌀한 가을, 따뜻하게 즐길 수 있는 샐러드를 소개할게요. 이태리 식당의 유명 셰프님께 배운 요리입니다. 제철에 나는 향 좋은 버섯과 가지, 애호박 등의 모든 재료를 슬라이스해서 구워만 주시면 돼요. 좀 더 멋스럽게 하기 위해 그릴팬을 이용하면 좋고요, 없으면 그냥 팬에 구워도 됩니다. 꼭 여기 나온 재료가 아니더라도 단호박이나, 양파, 감자, 고구마 등 집에서 남아도는 채소를 모두 구워보세요.

재료(4인분)
애호박 ························· 1개
아스파라거스 ············· 2개
파프리카 ····················· $\frac{1}{2}$개
표고버섯 ····················· 3장
새송이버섯 ················· 2개
썬 드라이드 토마토 ····· 약간
샐러드 채소 ················ 약간
소금 ···························· 약간
후춧가루 ····················· 약간

드레싱
페스토 소스 ············ $1\frac{1}{2}$큰술
올리브오일 ················ 3큰술
조린 발사믹(p.87) ··· 2작은술
레몬즙 ························ 1큰술
꿀 ······························ 1작은술
소금 ···························· 약간
후춧가루 ····················· 약간

이렇게 만들어 보세요

1. 애호박은 껍질째 1cm 두께로 어슷썰기한다.
2. 아스파라거스는 필러로 껍질을 제거한다.
3. 파프리카는 씨를 제거하고 2cm 두께의 길이로 썰고, 표고버섯과 새송이버섯은 1cm 두께의 길이로 썬다.
4. 샐러드 채소는 깨끗이 씻은 후 찬물에 담가두고 먹기 직전에 한입 크기로 찢어 체에 밭쳐 물기를 제거한다.
5. 분량의 드레싱 재료를 모두 섞는다.
6. 달군 그릴 팬에 기름을 두르고 애호박, 아스파라거스, 파프리카, 버섯을 올리고 소금, 후춧가루(분량 외)를 뿌려 노릇하게 굽는다.
7. 샐러드 채소와 구운 채소, 썬 드라이드 토마토를 섞은 후 드레싱을 뿌린다.

*** 페스토 소스 신선한 바질과 고소한 볶은 잣이 들어간 저만의 페스토 소스 만드는 법을 알려 드릴게요. 간단해요. 신선한 바질 100g, 마른 팬에서 살짝 볶은 잣 20g, 올리브오일 $1\frac{1}{2}$컵, 마늘 5쪽 그리고 소금 30g과 후춧가루 5g을 믹서에 넣고 곱게 갈아주기만 하면 됩니다. 깨끗이 소독한 유리병에 넣어 냉장고에서 보관하시면 5~6개월간 두고 드실 수 있어요.

가을 초나물

사촌 고모 할머니께서는 마지막 조선 왕조의 수라간에서 일하셨던 분이라 고모 할머니의 따님이신 이모님께 많은 요리를 배웠는데, 가을 초나물 또한 그분의 단정한 솜씨에서 나온 메뉴예요. 가을 초나물은 볶은 무와 데친 숙주, 시금치를 조물조물 버무린 개성 지방 음식이에요. 이래저래 손질할 재료들이 많아 번거로울 것 같지만 막상 만들다 보면 생각보다 어렵지 않아요. 참, 만들 때 무와 숙주는 너무 익히지 마세요. 아삭한 맛이 남아있어야 씹히는 맛이 좋으니까요. 너비아니 구이(p.134)와 함께 드시면 별미랍니다.

재료(4인분)
무 ·················· ¼토막
숙주 ················· 1줌
시금치 ·············· ½단

양념장
설탕 ················· 1큰술
식초 ················· 2큰술
고운 고춧가루 ······ ½큰술
다진 마늘 ········· 1작은술
다진 파 ··········· 1작은술
참기름 ················· 약간
통깨 ················· 약간

이렇게 만들어 보세요

1. 무는 0.3cm 굵기로 채 썰어 약간의 국간장(분량 외)과 청주(분량 외)로 밑간하고 센 불에서 물기가 없도록 아삭하게 볶는다.
2. 꼬리를 제거한 숙주는 끓는 물에 살짝 데친 후 아삭함이 살도록 물기를 꼭 짜고 약간의 참기름(분량 외)으로 버무린다.
3. 시금치는 끓는 물에 약간의 소금을 넣고 데친 후 찬물에 헹궈 물기를 꼭 짜고 간장(분량 외)으로 버무린다.
4. 분량의 양념장 재료를 모두 섞는다.
5. 준비한 재료와 양념장을 섞어 골고루 버무린다.

Woo's Kitchen

온기 가득한 *겨울* 밥상

기운을 살리는 **든든한 밥상**	무굴밥과 어리굴젓 + 돈지루 + 닭 불고기	
얼큰하게 즐기는 **뜨거운 밥상**	연잎영양밥과 깨소스시금치무침 + 얼큰 대구 매운탕 + 물미역 해삼물 초회	
소박하게 즐기는 **가벼운 밥상**	온면 + 코다리 구이 + 연근 초무침 샐러드	

겨울에는 뭐니 뭐니 해도 김장 김치를 잘 담그는 일이 중요합니다. 김장 김치를 제대로 담그려면 그에 맞는 레시피가 필수적이죠. 시원한 맛을 내는 저만의 비법을 소개하자면 갈치와 새우를 김치에 넣는 것이에요. 만일 김치 30포기를 담근다면 무 15개에 멸치 액젓과 갓 2단, 대파와 쪽파를 적당량 넣고 버무리면서 생물갈치 작은 것 10마리와 생새우 2근을 뼈째 푸드프로세서에 갈아서 다 넣습니다. 서울 사람이라 서울식으로 선선하게 담그는데요, 갈치와 새우가 부족한 단백질과 칼슘을 보충해주고 오래 두어도 개운한 맛이 납니다. 이렇게 담근 김치는 시큼해지면 김치전도 해먹고 김치 볶음밥, 김치찜 해 먹는 데도 쓰인답니다.

겨울 제철 식재료

시원하고 달콤한 겨울 무

속이 단단하고 물이 많은 겨울 무는 깊은 단맛과 함께 시원한 맛도 살아있답니다. 이런 겨울 무는 생채로 만들었을 때 그 맛이 돋보이지요.

- **고르기** _ 잎이 달린 상태라면 잎의 색이 짙은 것이 좋습니다. 잔뿌리는 많지 않아야 하고 들었을 때 묵직한 것이 좋은 무입니다.
- **손질하기** _ 사용할 부분만 도려내고 사용하고 남은 부분은 흙을 묻힌 채 두는 것이 좋습니다. 뿌리는 국물용으로, 잎은 데쳐 사용합니다.
- **보관하기** _ 신문지로 싸고 분무기로 물을 뿌려 서늘한 곳에 보관합니다.

비타민 가득한 시금치

시금치는 우리 몸을 건강하게 하는 비타민을 많이 함유하고 있는 채소입니다. 조물조물 무쳐 먹어도, 샐러드로 먹어도 맛있지요. 시금치만 있다면 겨울 감기는 걱정 없답니다.

- **고르기** _ 잎의 초록색이 짙고 벌레 먹은 자국이 없어야 합니다. 국거리용으로는 잎이 길고 넓은 것을, 샐러드나 무침용으로는 잎이 작은 시금치가 좋답니다.
- **손질하기** _ 시든 잎은 뜯어내고 뿌리부분을 깨끗이 씻어줍니다.
- **보관하기** _ 신문지로 감싸고 분무기로 물을 뿌려 냉장고에서 보관합니다.

바다의 우유 굴

'바다의 우유'라고 불릴 정도로 영양이 풍부한 굴입니다. 굴은 그 자체로도 맛있지만 전을 부치거나, 따뜻한 국수에 넣거나 혹은 매콤하게 무침으로 먹어도 색다르게 즐길 수 있습니다.

- **고르기** _ 살이 통통하고 우유색을 띠며 속살에 검은 테두리가 선명한 것이 좋은 굴입니다.
- **손질하기** _ 체에 굴을 넣고 소금을 뿌려 흔들어 씻은 후 흐르는 물에서 2~3회 씻습니다.
- **보관하기** _ 가급적 빨리 먹는 것이 좋으나 보관해야 할 경우에는 물기를 제거하고 5℃ 이하에서 2일까지 보관할 수 있습니다.

건강 뿌리채소 우엉

흙의 정기를 그대로 이어받은 뿌리채소는 그 영양가가 대단합니다. 뿌리채소의 대표격인 우엉은 영양도 영양이지만 맛도 뛰어나 다양한 요리에서 사랑받고 있습니다.

* **고르기** _ 껍질에 흠이 없고 잔뿌리가 없는 것, 결이 고른 것이 좋습니다.
* **손질하기** _ 솔을 이용하여 껍질을 문질러 씻고 다시 칼등으로 긁어서 벗깁니다.
* **보관하기** _ 흙이 묻은 상태에서 신문지로 싸서 서늘한 곳에 보관합니다.

부드러운 바다의 맛 미역

바다의 해초류 중에 칼슘을 가장 많이 함유한 미역은 특히나 여성에게 좋습니다. 아이를 낳은 산모나 체중 조절 중인 젊은 여성에게 더할 나위 없이 좋은 식재료죠.

* **고르기** _ 녹색이 짙고 윤기와 광택이 나는 것이 좋은 미역입니다.
* **손질하기** _ 흐르는 물에 비벼가며 씻어 소금기를 제거합니다.
* **보관하기** _ 건미역은 밀봉하여 실온에서 보관하고 생미역은 밀봉하여 냉장고에 보관합니다.

고단백 영양식 코다리

명태의 내장을 제거한 뒤 반쯤 말려 꾸덕꾸덕한 상태가 된 것을 코다리라고 합니다. 지방이 적고 고단백이라 영양식으로는 일등이랍니다.

* **고르기** _ 특유의 향이 나고 쫄깃한 살이 두툼하며 이물질이 없어야 합니다.
* **손질하기** _ 겉에 묻은 이물질은 마른 행주로 닦아줍니다.
* **보관하기** _ 비닐봉지로 밀봉하여 냉동실에 보관합니다.

온기 가득한 겨울 밥상

무굴밥과 어리굴젓

심심한 흰밥이 지겨울 때면 제철 재료를 듬뿍 넣어 밥을 지어요. 봄에는 채소 가득한 비빔밥, 가을에는 구수한 잔멸치 시래기밥, 그리고 겨울이면 꼭 무굴밥을 해요.
무굴밥에는 '바다의 우유'라고 불릴 만큼 영양가가 풍부한 굴과 소화를 도와 주는 무가 들어 있어 한 그릇이면 든든하죠. 특히 어리굴젓을 곁들여 먹으면 정말 맛있어요. 어리굴젓은 너무 익지 않도록 조금씩 해 드세요. 굴이 생각보다 빨리 상하거든요.

재료(4인분)
쌀(불리기 전) ············· 2컵
무 ···························· 50g
굴 ··························· 200g
미나리 ···················· 2줄기

달래장
송송 썬 달래 ············ 1큰술
간장 ························ 2큰술
물 ··························· 1큰술
설탕 ······················ 1작은술
식초 ························ 1큰술
유자청 ····················· ½큰술
고춧가루 ················ 1작은술
통깨 ························ 1큰술
참기름 ······················· 약간

이렇게 만들어 보세요

1. 쌀은 찬물에 30분간 불리고 체에 받쳐 물기를 제거한다.
2. 무는 5×1cm 크기로 썰고, 미나리는 줄기만 다듬어 2cm 길이로 썬다.
3. 굴은 소금을 뿌려 체에 받쳐 흔들어가며 흐르는 물에 씻고 그 상태로 물기를 제거한다.
4. 냄비에 불린 쌀을 넣고 그 위에 무를 펼치고 무가 자작하게 잠길 만큼의 물을 부어 끓인다. 센 불에서 끓이다가 가장자리에 거품이 생기기 시작하면 중간불로 낮춰 10~15분간 끓인다.
5. 불을 끄고 굴을 올려 뜸을 들인 후 미나리를 넣어 섞는다.
6. 분량의 달래장 재료를 섞어 곁들인다.

* 어리굴젓은 p.115에 있습니다.

돈지루

돈지루는 일본 가정에서 즐겨 먹는 국이에요. 우리네 된장국과 비슷한 것 같지만 또 다르기도 합니다. 일본된장은 우리의 전통 된장보다 좀 더 단맛이 강하므로 너무 오래 끓이면 텁텁한 맛이 나니 주의해야 해요. 우엉이나 유부와 같이 구하기 쉬운 재료와 삼겹살을 육수에 넣고 팔팔 끓이다가 마지막에 일본된장을 넣어 한소끔 끓여주면 완성입니다. 추운 겨울 돈지루 먹고 추위를 이겨내 보세요.

재료(4인분)

돼지고기 삼겹살 (얇은 로스용)	100g
곤약	$\frac{1}{2}$모
무	$\frac{1}{8}$개
우엉	$\frac{1}{2}$개
당근	$\frac{1}{4}$개
유부	3장
실파	$\frac{1}{2}$줄기
카놀라오일	1큰술
청주	1큰술
다시마육수(p.13)	4컵
일본된장	3큰술

이렇게 만들어 보세요

1. 다시마육수를 끓인다.
2. 곤약은 끓는 물에 살짝 데쳐 1×4cm 크기로 썰고, 무는 4×1×0.2cm 크기로 썬다.
3. 우엉은 칼등으로 긁어 껍질을 제거하여 연필깎기하고, 당근은 1×4cm 크기로 썬다.
4. 유부는 1cm 두께로 썰고, 실파는 송송 썬다.
5. 삼겹살은 2cm 두께로 채 썬다.
6. 냄비에 카놀라오일을 두르고 삼겹살을 볶다가 청주를 붓는다.
7. ⑥의 냄비에 무와 실파를 제외한 모든 채소를 넣고 볶는다.
8. 채소가 80% 정도 익으면 다시육수, 무를 넣어 끓이다가 일본된장을 넣어 한번 더 끓인다. 불을 끄고 실파를 넣는다.

온기 가득한 겨울 밥상

닭 불고기

닭고기의 어떤 부위를 가장 좋아하세요? 흔히들 날개나 다리, 가슴살을 좋아한다지만, 저는 넓적다리살을 가장 좋아해요. 운동을 많이 하는 부위인만큼 지방과 단백질이 적당히 섞여 있어 쫄깃한 맛이 뛰어나거든요. 항상 넓적다리를 넉넉히 사서 냉동실에 넣어 놓고 다양하게 요리를 해먹곤 하지요. 특히 양념장만 섞으면 근사한 불고기로 완성되는 닭 불고기를 즐겨먹는답니다.

재료(4인분)
닭 넓적다리살 ············· 1kg

양념장
간장 ···················· 4큰술
매실청 ·················· 1큰술
청주 ···················· 3큰술
설탕 ···················· 4큰술
깨소금 ·················· ½큰술
다진 파 ················· 2큰술
다진 마늘 ··············· 1½큰술
참기름 ·················· ½큰술
후춧가루 ················ 약간

이렇게 만들어 보세요

1. 닭고기는 우유(분량 외)에 20분간 담가 누린내를 제거하고 흐르는 물에 씻어 키친타월로 물기를 제거한다.
2. 하얀색 기름 부분을 가위로 잘라내고 칼날로 두들겨 칼집을 넣은 뒤 한입 크기로 썬다.
3. 분량의 양념장 재료를 모두 섞는다.
4. 양념장에 닭고기를 차곡차곡 담아 30분간 재운다.
5. 팬에서 양념이 자작하게 남을 때까지 노릇하게 굽는다.

 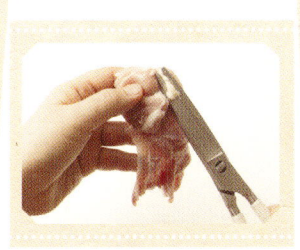  

온기 가득한 겨울 밥상

연잎 영양밥과 깨소금 시금치 무침

연잎 향이 가득한 영양밥을 먹고 나면 뭔가 대접받은 기분이라고들 합니다. 귀한 손님들 뿐 아니라 소중한 가족에게도 대접해보세요. 최고의 찬사를 들을 수 있어요. 연잎은 파는 곳이 많지 않아 구하기 어려운 재료인데요, 북창동이나 남대문의 중국 식재료상에 가면 연잎을 구입할 수 있을 거예요. 한 번에 미리 많이 만들어서 냉동해두었다가 필요할 때 해동해서 손님상에 올릴 수도 있어요.

이렇게 만들어 보세요

1. 찹쌀을 찬물에 1시간 불리고 체에 밭쳐 물기를 제거한다.
2. 서리태와 울타리콩 역시 찬물에 30분간 불린 후 10분간 삶는다.
3. 밤과 단호박은 껍질을 벗기고 1×1cm 크기로 썬다. 표고버섯도 1×1cm 크기로 썬다.
4. 대추는 돌려깎기하여 채 썰고, 은행은 기름 두른 팬에 볶은 후 키친타월로 비벼 껍질을 벗긴다.
5. 불린 찹쌀과 밤, 단호박, 콩, 표고버섯을 섞어 밥을 짓는다.
6. 분량의 양념장 재료를 모두 섞는다.
7. 갓 지은 밥에 양념장과 대추, 은행을 골고루 섞는다.
8. 큰 연잎은 $\frac{1}{4}$, 작은 것은 $\frac{1}{3}$ 크기로 자르고 젖은 행주로 닦는다.
9. 연잎의 안쪽에 ⑦을 적당량 넣고 잘 감싼다.
10. 김이 오른 찜통에 연잎 쌈밥을 넣고 10분간 찐다.

* 깨소금 시금치 무침은 p.115에 있습니다.

재료(4인분)

찹쌀(불리기 전)	2컵
물	$1\frac{1}{2}$컵
연잎	2장
서리태(불리기 전)	$\frac{1}{4}$컵
울타리콩(불리기 전)	$\frac{1}{8}$컵
단호박	200g
표고버섯	2개
밤	4개
은행	5알
대추	4개

양념장

간장	1큰술
청주	1큰술
소금	1작은술

*** **연잎** 차로 끓여 먹거나 쌀과 함께 쪄서 영양밥을 만드는 데 활용됩니다. 엽록소가 많은 연잎은 혈액순환 장애 개선에 큰 효능이 있어요. 신문지로 싸서 냉장고에 보관하면 장기 보관이 가능합니다. 북창동 골목에 위치한 중국 식재료상에서 구입할 수 있어요.

얼큰 대구 매운탕

요즘은 깨끗하게 손질한 대구를 탕용, 찜용으로 잘 정리해서 판매하더라고요. 제가 아주 쉬운 대구 매운탕 레시피를 알려드릴 테니, 오늘 저녁 당장 대구팩 하나 구입하세요. 나머지 재료는 냉장고에 있는 재료를 이용해도 충분하답니다. 얼큰한 대구 매운탕 끓일 준비되셨죠? 자, 시작해 봐요.

재료(4인분)
- 대구 ············· 1마리
  (토막난 상태)
- 무 ············· $\frac{1}{6}$개
- 멸치육수(p.13) ······ 3컵
- 팽이버섯 ········ 1봉지
- 청고추 ············· 1개
- 홍고추 ············· 1개
- 대파 ············· $\frac{1}{2}$대
- 쑥갓 ············· 1줄기

대구 밑간
- 양파즙 ············ 1큰술
- 국간장 ············ 1큰술
- 소금 ·············· 약간
- 후춧가루 ··········· 약간

양념장
- 고춧가루 ·········· 2큰술
- 고추장 ··········· 1작은술
- 된장 ············· 1작은술
- 멸치액젓 ·········· 1큰술
- 다진 마늘 ········· 1큰술
- 후춧가루 ··········· 약간

이렇게 만들어 보세요

1. 멸치육수를 끓인다.
2. 대구는 흐르는 물에 핏물을 씻고 뜨거운 물에 1~2분간 담가 이물질을 제거한 후 바로 찬물에 헹군다. 분량의 밑간에 20분간 재운다.
3. 무는 0.5㎝ 두께로 나박썰기하고 팽이버섯은 한입 크기로 찢는다.
4. 청·홍고추와 대파는 어슷썰기한다.
5. 분량의 양념장 재료를 모두 섞는다.
6. 냄비에 멸치육수 1컵과 대구를 넣고 끓으면 무와 양념장, 남은 멸치육수를 붓고 대구살을 익힌다.
7. 마지막에 팽이버섯과 청·홍고추, 대파를 넣고 불에서 내린 뒤 쑥갓을 올린다.

물미역 해산물 초회

신선한 해산물을 상큼하게 드실 수 있는 물미역 해산물 초회. 조금은 생소한 메뉴죠? 고급 일식집에서 식전에 나오는 애피타이저랍니다. 대개 유자껍질을 넣는데 전 구하기 쉬운 레몬껍질을 넣었어요. 상큼한 맛을 느낄 수 있고 동시에 겨울철 부족한 비타민도 섭취할 수 있어요. 일본 술 사케와도 잘 어울리는 음식이에요. 완성된 요리를 1인용 접시에 조금씩 담아 대접해 보세요. 와- 하는 탄성이 나온답니다.

재료(4인분)

- 굴 ······················· 200g
- 물미역(불린 것) ········ 100g
- 오이 ······················ 1개
- 레몬 ······················ $\frac{1}{2}$개
- 무 ························ 30g
- 고운 고춧가루 ········· 약간
- 와사비 ··················· 약간

폰즈 소스

- 다시마육수(p.13) ······ $\frac{1}{2}$컵
- 국간장 ···················· 20㎖
- 설탕 ······················· 25g
- 식초 ······················· $\frac{1}{4}$컵
- 슬라이스 레몬 ········· 1조각

이렇게 만들어 보세요

1. 분량의 폰즈 소스 재료를 모두 섞어 냉장고에 넣어 차게 보관한다.
2. 굴은 소금을 뿌려 체에 밭쳐 흔들어가며 흐르는 물에 씻고 그 상태로 물기를 제거한다.
3. 끓는 물에 소금을 넣고 물미역을 젓가락으로 살살 흔들어가며 데쳐 찬물에 헹구고 5㎝ 길이로 썬다.
4. 오이는 굵은 소금(분량 외)으로 문질러 가시를 제거하여 흐르는 물에 씻는다.
5. 젓가락을 3㎝ 간격으로 벌려 도마에 얹고 그 위에 오이를 올린다. 젓가락이 닿는 곳까지 잔칼집을 넣고 5㎝ 길이로 썰어 소금물에 10분간 담그고 물기를 꼭 짠다.
6. 레몬은 굵은 소금(분량 외)으로 문질러 씻은 뒤 필러를 이용하여 노란 껍질만 얇게 도려낸다. 도려낸 껍질은 얇게 채 썬다.
7. 무는 강판에 곱게 갈아 체에 밭쳐 둔다. 자연스럽게 걸러진 무만 사용한다.
8. 그릇에 손질한 굴, 물미역, 오이를 가지런히 담고 폰즈 소스를 자작하게 붓는다. 간 무와 고운 고춧가루, 와사비를 곁들여 내고 레몬껍질로 장식한다.

온면

저에게는 요리를 통해 많은 깨우침을 주는 언니가 있죠. 감각이 있으신 분이라 요리 하나를 내와도 그냥 담아오는 법이 없는데, 지난 번 저녁 식사 때도 저를 깜짝 놀라게 하더라고요. 그날 식사의 마지막 코스로 온면을 대접하셨는데 평범한 국수에 4가지의 곁들임 고명을 곱게 담아 오시고 그중에서 골라서 먹으라고 하시더군요. 따뜻한 국수에 고명 몇가지 더 얹은 소박한 멋이지만 손님을 위한 배려가 느껴졌어요. 맛도 물론 일품이었고요.

재료(4인분)
소면(건면) ········· 400g

육수
멸치육수(p.13) ······· 3컵
쇠고기육수(p.13) ···· 5컵

네 가지 고명
김치무침
김치 ················ $\frac{1}{4}$포기
설탕 ················ 1큰술
참기름 ············· 1큰술
통깨 ················ 1작은술

숙주무침
숙주 ················ 1줌
소금 ················ 1작은술
통깨 ················ 약간
참기름 ············· 약간

오이무침
오이 ················ 1개
소금 ················ 약간

무생채
무 ················ $\frac{1}{2}$개
소금 ················ 약간

무생채 양념장
고춧가루 ············ $\frac{1}{2}$큰술
설탕 ················ 1큰술
식초 ················ 1큰술
다진 마늘 ········· 1작은술
참기름 ············· 1작은술

이렇게 만들어 보세요

육수
1. 육수를 따뜻하게 데운다.
2. 소면은 끓는 물에 뭉치지 않게 흩뿌려 넣은 후 끓어 오를 때마다 찬물을 부어 쫄깃하게 삶는다.
3. 육수와 삶은 소면을 그릇에 담는다.

김치무침
1. 김치는 굵게 다진 후 분량의 양념과 무친다.

숙주무침
1. 숙주는 꼬리를 제거하고 끓는 물에 소금을 약간 넣어 데친 후 찬물에 헹궈 물기를 꼭 짠다.
2. 데친 숙주를 굵게 다지고 분량의 양념과 무친다.

오이무침
1. 길이로 반을 잘라 얇게 반달썰기하고 소금에 10분간 절이고 물기를 꼭 짠다.
2. 기름 두른 팬에 살짝 볶는다.

무생채
1. 무는 얇게 채 썰어 소금에 10분간 절이고 물기를 꼭 짠다.
2. 분량의 양념장과 버무린다.

코다리 구이

담백한 맛이 일품인 코다리 구이예요. 코다리는 내장을 제거한 명태를 반건조시켜서 만드는데 북어보다 살이 연하고 명태보다 쫄깃한 맛이에요. 게다가 가격도 더 싸고요. 코다리를 길게 갈라 가시를 미리 발라내고 양념장을 골고루 잘 묻혀 타지 않게 굽기만 하면 백점짜리 코다리 구이가 완성됩니다.
다른 반찬 없이도 밥 한 그릇 뚝딱 비우는 일품요리랍니다.

재료(4인분)

코다리 ·············· 2마리
(살만 있는 상태)
들기름 ·············· 1큰술
대파(흰 부분) ········ $\frac{1}{2}$대
쪽파 ················ 약간

밑간

양파즙 ·············· 1큰술
고추기름 ············ 1큰술

양념장

고추장 ·············· 2큰술
고춧가루 ············ 1작은술
맛간장(p.17) ········ 1큰술
설탕 ················ 1작은술
다진 마늘 ············ 1작은술
들기름 ·············· $\frac{1}{2}$큰술
참기름 ·············· 2작은술
소금 ················ 약간

이렇게 만들어 보세요

1. 흐르는 물에 씻은 코다리는 키친타월로 물기를 제거하고 밑간에 잠시 재운다.
2. 대파는 곱게 채 썰고, 쪽파는 송송 썬다.
3. 분량의 양념장 재료를 모두 섞는다.
4. 솔을 이용하여 코다리의 앞뒤로 양념장을 골고루 바르고 2시간 재운다.
5. 팬에 들기름을 두르고 코다리를 올려 중불에서 타지 않도록 노릇하게 굽는다.
6. 접시에 채 썬 대파를 깔고 자른 코다리를 올린 후 송송 썬 쪽파로 장식한다.

연근 초무침 샐러드

겨울에는 연근이 맛있지요. 흔히들 연근을 간장양념에 조려서 많이 드시는데요, 그렇게 되면 연근의 아삭한 맛을 많이 느끼기 어려워요. 연근의 갈변을 막기 위해 항상 식초물에 담가두다가 생각해낸 샐러드예요. 아삭아삭한 연근의 맛과 상큼한 절임장의 맛이 참 잘 어울린답니다. 샐러드라고 부르긴 하지만 밥반찬으로도 손색이 없어요. 만드실 때 가장 중요한 점은, 연근을 살짝만 삶아 아삭한 맛을 살린다는 것이에요.

재료(4인분)
- 연근 ······················ 1개
- 청피망 ····················· 1개
- 홍피망 ····················· 1개
- 양파 ····················· 1/4개

절임장
- 식초 ····················· 1/4컵
- 설탕 ····················· 2큰술
- 맛간장(p.17) ············ 2큰술
- 참기름 ····················· 1큰술
- 통깨 ······················· 1큰술

이렇게 만들어 보세요

1. 연근은 필러로 껍질을 제거하고 0.5㎝ 두께로 모양을 살려 썬다.
2. 끓는 물에 약간의 식초(분량 외)를 넣고 연근을 10분간 삶아 찬물에 헹군다.
3. 피망은 씨를 제거하고 0.3㎝ 두께로 채 썬다.
4. 양파도 0.3㎝ 두께로 채 썰어 찬물에 담가 매운 맛을 제거한 뒤 체에 밭쳐 물기를 제거한다.
5. 분량의 절임장 재료를 모두 섞는다.
6. 연근과 피망, 양파에 절임장을 넣고 골고루 버무려 냉장고에서 1시간 숙성시킨다.

사계절 곁들임 반찬

냉메밀국수(p.50)에는
오이지 무침

궁중 약선 닭죽(p.56)에는
양배추 김치

오이지(4인분)
백오이 25개, 물 10컵, 천일염 1컵, 올리고당 250㎖

1. 오이는 굵은 소금(분량 외)으로 문질러 가시를 제거하여 흐르는 물에 씻어 통에 차곡차곡 담는다.
2. 분량의 물과 천일염을 끓여 오이를 담근 통에 붓고 실온에서 5~6일간 둔다.
3. 소금물만 걸러내 다시 한 번 끓이고 완전히 식힌 후 다시 오이에 붓고 실온에서 3~4일간 두었다가 냉장고에 넣어 익힌다.
4. 쪼글쪼글하게 익은 오이를 건져 찬물에 씻어 새로운 통에 담고 올리고당을 부어준다.

오이지 무침
오이지 3개, 다진 파 1큰술, 다진 마늘 1작은술, 매실청 ½큰술, 설탕 1½큰술, 고춧가루 1큰술, 올리고당 1작은술, 맛간장(p.17) 1작은술, 참기름 1작은술, 통깨 1작은술

1. 오이지는 0.3㎝ 두께로 송송 썰고 물기를 꼭 짠다.
2. 분량의 양념장 재료를 모두 섞고 오이지와 함께 골고루 무친다.

재료
양배추 1통, 소금 1컵

양념장 고춧가루 1½컵, 다진 마늘 2큰술, 다진 생강 1작은술, 양파즙 3큰술, 배즙 2큰술, 멸치액젓 ½컵, 뉴슈가 1작은술

1. 양배추는 잎을 떼어낸 후 2×2㎝ 크기로 썬다. 이 때 줄기 부분은 포를 뜬다.
2. 양배추와 소금을 골고루 버무려 2시간 둔다.
3. 분량의 양념장 재료를 모두 섞는다.
4. 절인 양배추에 양념장을 섞고 골고루 버무린 뒤 실온에서 2일간 숙성시킨다.

무굴밥(p.96)에는
어리굴젓

연잎 영양밥(p.102)에는
깨소금 시금치 무침

재료
굴 400g, 소금 2큰술, 무 $\frac{1}{6}$개, 배 $\frac{1}{2}$개

양념장 고춧가루 3큰술, 매실청 1작은술, 생강퓌레(p.15) 1작은술

1. 깨끗하게 씻은 굴을 소금에 버무려 하루 정도 절이고 체에 밭쳐 물기를 제거한다. 이때 굴을 절인 물은 덜어둔다.
2. 무는 1×1㎝ 크기로 썰어 소금(분량 외)에 10분간 절이고 깨끗이 씻어 물기를 꼭 짠다.
3. 배는 껍질을 제거하고 무와 같은 크기로 썬다.
4. 분량의 양념장과 굴, 무, 배, 굴 절인 물을 골고루 버무린다.

재료
시금치 1단, 간장 1작은술

양념장 깨소금 5큰술, 간장 1$\frac{1}{2}$큰술, 설탕 1$\frac{1}{2}$큰술, 청주 $\frac{1}{2}$큰술

1. 끓는 물에 약간의 소금을 넣고 시금치를 10~15초간 데친 후 바로 찬물에 헹궈 물기를 꼭 짠다.
2. 시금치를 줄 맞춰 6㎝ 길이로 썰고 간장으로 버무린다.
3. 분량의 양념장 재료를 모두 섞고 시금치와 무친다.

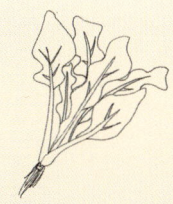

격식 갖춘 코스 초대 요리

편안하게 즐기는 뷔페 초대 요리

가볍게 차리는 다과 초대 요리

사랑하는 사람들과 함께하는
초대 식탁

Woo's Kitchen

격식 갖춘 코스 초대 요리

{ 감사함을 담은 }
부모님 초대 요리

대하 냉채 + 잣소스 수삼 닭고기 샐러드 + 전복 스테이크 + 마늘 볶음밥 + 흑임자 아이스크림

{ 특별함을 선사하는 }
외국인 초대 요리

송화단죽 + 새우 관자 전채 + 새송이버섯과 너비아니구이 + 궁중 떡볶이 + 대추차

친정어머니는 출가한 딸이라며 저희 집 방문도 꺼리시는 단정한 분이세요. 그래서 한번은 제가 마음먹고 어머니와 친구분들을 집으로 초대했지요. 그 때 마침 우리 집이 한강을 바라보고 있는 집이어서 식탁을 거실로 옮겨 강을 바라보면서 식사하시게 해드렸어요. 코스로 요리를 한 가지, 한 가지씩 내드렸더니 어르신들은 마치 고급 레스토랑에 온 듯 야경을 즐기며 음식을 드셨답니다. 너무도 즐거우셨는지 가시며 두둑한 칭찬을 한아름 주고 가셔서 참 감사한 추억이 되었어요. 어머니 말씀에 따르면 친구 분들이 두고두고 "정욱이 음식하는 솜씨며 분위기며 참 정갈하더라" 하시더래요.

부모님 초대 요리

대하냉채

큰 손님이 오시는 날에는 잊지 않고 준비하는 애피타이저 냉채입니다. 어떻게 요리해도 폼 나지 않던 해파리를 큰 대하에 돌돌 감아보았더니, 먹는 재미와 보는 재미가 동시에 살아났어요. 대하냉채를 만들 때는 해파리 특유의 냄새를 깨끗이 잡아내는 것이 가장 중요해요. 해파리에 끓는 물을 부을 때는 젓가락으로 골고루 잘 젓고, 차가운 얼음물에 꼭 5시간 이상 담가두세요. 새우를 통째로 그릇에 올리고 멋스러운 나이프와 포크를 세팅하면 유명 레스토랑 부럽지 않은 멋진 테이블을 차릴 수 있어요.

재료(4인분)
- 새우(대하) ········· 8마리
- 백오이 ················ 2개
- 배 ······················ $\frac{1}{3}$개
- 해파리(염장) ········· 200g
- 대파 ···················· 1대
- 레몬 ·················· 1조각

해파리 밑간
- 파인애플주스 ······· 1큰술
- 식초 ··················· 2큰술
- 설탕 ··················· 1큰술
- 소금 ················· 1작은술

냉채 소스
- 식초 ··················· 5큰술
- 설탕 ················· $2\frac{1}{2}$큰술
- 다진 마늘 ············ 2큰술
- 레몬즙 ················ 1큰술
- 간장 ·················· $\frac{1}{2}$큰술
- 참기름 ············· 1작은술
- 소금 ················· 1작은술

이렇게 만들어 보세요

1. 해파리는 흐르는 물에 주물러 씻는 과정을 2번 반복한 후 볼에 담는다. 끓는 물을 볼에 조금씩 부으며 젓가락으로 뒤적거리고 찬물에 헹군다. 이 과정을 한 번 더 반복하고 얼음물에 담가 5시간 둔다.
2. 손질한 해파리는 물기를 꼭 짜고 밑간에 3시간 동안 재운다.
3. 분량의 냉채 소스 재료를 모두 섞어 냉장고에 넣어 차게 보관한다.
4. 오이는 굵은 소금(분량 외)으로 문질러 가시를 제거하고 흐르는 물에 씻어 5㎝ 길이로 썰고 돌려 깎아 곱게 채 썬다. 배는 껍질을 제거하고 5㎝ 길이로 곱게 채 썰어 얼음물에 담근다.
5. 대하의 수염을 제거하고 등쪽에 꼬리부터 머리까지 깊은 칼집을 넣는다.
6. 냄비에 물을 넉넉히 붓고 대파, 레몬, 대하를 뚜껑을 덮은 상태로 약불에서 끓인다. 팔팔 끓으면 불을 끄고 그 상태로 5분간 두었다가 대하를 건져 얼음물에 담가 식힌다.
7. 삶은 대하는 꼬리 앞쪽 한마디만 남기고 머리와 몸통의 껍질을 제거한다.
8. 대하의 칼집에 오이와 배를 곱게 끼우고 밑간한 해파리로 단단하게 감는다.
9. 그릇에 대하를 담고 그 위에 차가운 냉채 소스를 뿌린다.

부모님 초대 요리

잣 소스 수삼 닭고기 샐러드

잣, 수삼, 닭고기. 재료만 들어도 건강해지는 것 같지 않으세요? 남녀노소 누구나 좋아하는 닭고기를 건강 샐러드로 탄생시켰어요. 수삼, 대추, 밤, 배와 노릇하게 구운 닭고기에 잣 소스를 듬뿍 뿌렸답니다. 알싸한 연겨자와 새콤달콤한 파인애플주스를 넣은 색다른 잣 소스의 맛을 즐겨보세요.
고급스러운 요리라 어른들도 좋아하실 거예요.

재료(4인분)
닭 허벅살 ········ 300g
녹말가루 ········ 3큰술
오이 ················ 1개
수삼 ············· 1뿌리
대추 ················ 4개
밤 ··················· 4개
배 ·················· $\frac{1}{8}$개

닭 허벅살 밑간
매실청 ············ 1큰술
양파즙 ············ 1큰술
소금 ················ 약간
후춧가루 ·········· 약간

양념장
간장 ················ 2큰술
맛술 ················ 1큰술
다진 마늘 ···· 1작은술
꿀 ················ 1작은술

잣 소스
잣 ·················· $\frac{1}{3}$컵
연겨자 ········ 1작은술
파인애플주스 ··· 4큰술
식초 ················ 2큰술
다진 마늘 ··· $\frac{1}{2}$작은술
꿀 ················ 1작은술
소금 ················ 약간
후춧가루 ·········· 약간

이렇게 만들어 보세요

1. 닭 허벅살은 기름을 제거한 후 편 썰어 2등분하고, 칼날로 두들겨 밑간에 20분간 재운 뒤 녹말가루를 묻혀 기름 두른 팬에서 노릇하게 지진다.
2. 오이는 길이로 반을 갈라 얇게 반달썰기하고 소금(분량 외)에 10분간 절인 후 물기를 꼭 짠다.
3. 수삼은 깨끗이 씻어 0.3cm 두께로 어슷 썰고 대추는 돌려깎기하여 곱게 채 썬다.
4. 밤은 편 썰고 껍질을 제거한 배는 0.3cm 두께로 나박 썬다.
5. 팬에 기름을 두르고 오이, 수삼, 대추, 밤을 살짝 볶는다.
6. 분량의 양념장 재료를 섞고, 잣 소스는 믹서에 곱게 간다.
7. 냄비에 양념장을 넣고 끓으면 지진 닭 허벅살을 넣어 양념장을 발라가며 조린다.
8. 조린 닭 허벅살은 칼을 뉘여 1cm 두께로 어슷 썬다.
9. 볶은 채소와 배, 닭 허벅살을 접시에 담고 잣 소스를 뿌린다.

전복 스테이크

싱싱한 전복 고유의 맛과 향을 최대로 이끌어 낸 스테이크예요. 소스도 전복의 내장을 이용해 만들었기 때문에 바다향이 가득 담겨 있답니다. 소스를 만들고 남은 내장은 살짝 익힌 후 기름 두른 팬에 볶아 먹거나, 곱게 으깬 쌀과 함께 죽을 끓여 드셔도 맛이 좋아요.

스테이크에 일가견 있는 손님이 왔을 때 냈더니 두고두고 이야깃거리가 된 메뉴이지요. 재료를 전복으로 사용한 점이나 식감에 대해서 좋은 평을 해주셨어요. 영양도, 맛도 만점이라고 하시더군요.

재료(4인분)
전복(80~100g) ········ 4마리
전복내장 ················· 2개
버터 ······················· 2큰술
화이트와인 ············· 3큰술

내장 소스
전복내장 ················· 2개
레드와인 ················· 1큰술
매실청 ···················· $\frac{1}{2}$큰술
우스터 소스 ············ $\frac{1}{2}$큰술
꿀 ··························· $\frac{1}{2}$큰술
후춧가루 ················· 약간

이렇게 만들어 보세요

1. 전복의 껍데기와 살 사이에 숟가락을 넣어 살을 분리한 뒤 내장을 잘라낸다.
2. 전복의 윗면에 #모양으로 칼집을 깊게 넣는다.
3. 팬에 버터를 녹이고 칼집 들어간 쪽이 바닥으로 가도록 전복을 올린다.
4. 내장도 함께 얹은 후 뚜껑을 덮어 중불에서 3분간 익힌다.
5. 전복과 전복내장은 뒤집고 화이트와인을 부어 다시 2~3분간 더 익힌다.
6. 소스용 전복내장은 끓는 물에 데친 후 나머지 소스 재료와 함께 믹서에 곱게 간다.
7. 매시드 포테이토를 바닥에 깔고 구운 전복과 전복내장을 올린 뒤 소스를 끼얹는다.

> **Tip 매시드 포테이토 만들기**
>
> 매시드 포테이토는 간단하게 샐러드로 먹기 좋고, 빵에 발라 먹어도 좋답니다.
> 재료 감자 5개, 우유 $\frac{1}{4}$컵, 생크림 2큰술, 와사비 1작은술, 다진 아몬드 $\frac{1}{3}$컵, 소금·후춧가루 약간, 녹인 버터 1큰술
> 방법
> 1. 껍질 벗긴 감자는 김이 오른 찜통에 삶는다.
> 2. 삶은 감자가 뜨거울 때 으깬다.
> 3. 분량의 재료와 골고루 섞는다.

부모님 초대 요리

마늘볶음밥

중식당에서 파는 볶음밥을 집에서 만들면 그만큼 맛있지 않은 이유를 아세요? 그 이유는 의외로 간단한 비법에 있답니다. 중식당에서는 밥을 꼬들꼬들 지은 뒤 차게 식혀서 볶음밥을 만든다고 해요. 밥을 차게 식히면 수분이 날아간 밥이 기름을 흡수하면서 특유의 포슬포슬한 볶음밥이 되는 거죠.

재료(4인분)
찬밥 ················· 2공기
달걀 ················· 2개
청주 ················· 1큰술
마늘 ················· 5쪽
쪽파 ················· 1줄기
XO 소스 ············ 1큰술
맛간장(p.17) ······· 1큰술
카놀라오일 ········· 2큰술

이렇게 만들어 보세요

1. 달걀을 풀고 약간의 소금(분량 외)으로 간한다.
2. ①의 달걀에 청주를 섞는다.
3. 마늘은 얇게 편 썰고, 쪽파는 송송 썬다.
4. 중불에 기름 코팅한 팬을 얹은 후 달걀을 붓고 넓게 펼친다. 가장자리가 익기 시작하면 거품기를 이용하여 휘휘 저어 완두콩 크기의 스크램블을 만들어 덜어둔다.
5. 볶음 팬에 약간의 기름을 두르고 찬밥과 맛간장을 넣어 고슬하게 볶은 후 넓게 펼쳐서 한김 식힌다.
6. 팬에 카놀라오일을 두르고 마늘을 노릇하게 볶아 향을 낸 후 쪽파를 넣어 한 번 더 볶는다.
7. 볶아놓은 밥과 XO 소스를 ⑥의 팬에 넣어 골고루 버무리고 ④를 넣어 한 번 더 섞은 후 참기름, 후춧가루, 소금(분량 외)으로 간한다.

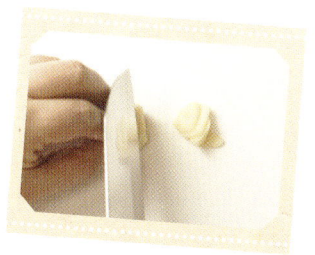

부모님 초대 요리

흑임자 아이스크림

검은깨, 검은콩, 흑미까지… 한때 블랙푸드 열풍이 불었던 적이 있었죠? 탈모와 피부 미용에 좋다고 해서 너도나도 검은색 음식을 먹었던 기억이 나네요. 저도 몸에 좋다는 말을 듣고 이래저래 다양하게 먹었는데 한번에 많은 양을 먹기는 힘들더라고요. 그래서 만든 게 바로 흑임자 아이스크림이에요. 냉동실에 남아 있는 바닐라 아이스크림과 검은깨를 섞기만 하면 간단하게 완성되지요.

재료(4인분)
바닐라 아이스크림 ····· 300g
볶은 검은깨 ············· 4큰술

이렇게 만들어 보세요

1. 볶은 검은깨는 믹서에 곱게 간다.
2. 바닐라 아이스크림을 볼에 담아 전자레인지에서 40초간 돌려 살짝 무르게 한다.
3. 바닐라 아이스크림과 검은깨 간 것을 잘 섞어 냉동실에서 부드럽게 얼린다.

송화단죽

홍콩에서 처음 먹어본 송화단죽의 맛을 잊을 수 없어 여러 차례 연구한 끝에 레시피를 완성했어요. 중국에서는 피단(皮蛋)이라고 부르는 삭힌 오리 알을 이용한 죽입니다. 오리알의 단면 모양이 소나무꽃 무늬 같다고 해서 송화단이라고 불려지기 시작했다고 해요.
담백한 오리알과 부드러운 채소를 넣은 송화단죽, 한번 도전해 보세요.

재료(4인분)

송화단	1개
돼지고기 안심	100g
밥	150g
참기름	1큰술
채소육수(p.13)	3컵
청경채	3장
청주	약간
다진 생강	약간

고명

마늘	2쪽
다진 파	약간
다진 차사이	약간

이렇게 만들어 보세요

1. 채소육수를 끓인다.
2. 송화단은 김이 오른 찜통에 30분간 찌고 껍질을 벗겨 굵게 다진다. 돼지고기도 같은 크기로 다진다.
3. 청경채는 한입 크기로 썰어 끓는 물에 살짝 데친 후 굵게 다진다.
4. 믹서에 밥과 참기름, 채소육수 1컵을 넣고 알맹이의 80%까지 간다.
5. 고명용 마늘은 편으로 썰어 찬물에 담가 매운 맛을 제거한다. 마늘의 물기를 제거하고 기름 두른 팬에서 바삭하게 튀기듯이 볶는다.
6. 냄비에 참기름, 다진 생강, 돼지고기를 넣고 볶다가 돼지고기가 80% 정도 익으면 청주를 부어 돼지고기의 누린내를 제거한다.
7. 청주의 알코올이 날아가면 남은 채소육수를 붓고 조금 더 끓인다.
8. ⑦에 갈아놓은 밥과 다진 송화단을 넣어 약불에서 끓이고 마지막에 데친 청경채를 넣어 농도를 조절한다.
9. 되직한 농도가 되면 그릇에 담고 고명을 얹는다.

*** 송화단 중국의 고급 식재료인 송화단은 오리알을 껍질 째로 항아리에 넣고 나무재, 황겨 등에 묻어 6개월 이상 발효시킨 것이에요. 오래 발효한 송화단은 노른자는 검은색, 흰자는 짙은 검은색이 되는데, 특유의 향 때문에 거부감을 가질 수도 있지만 씹으면 씹을수록 고소한 맛을 느낄 수 있어 중독성이 있답니다. 제가 송화단을 구입하는 곳은 북창동에 있는 신창상회(02-752-2212)입니다. 중국 식재료를 판매하는 곳이지요.

새우 관자 전채

요리는 입으로 먹기 전에 눈으로 먼저 먹는다고 하죠? 그런 의미에서 이번 새우 관자 전채는 좀 특별하게 담는 방법을 알려 드릴게요. 단단한 샐러드 채소인 엔다이브를 작은 접시로 이용했답니다. 한입에 쏙 들어가는 스타일이라, 본 식사 전에 입맛 돋우는 애피타이저로 딱이죠. 전채 소스는 각종 해산물과 버무려 해물냉채를 만들기에도 좋답니다.

재료(4인분)
- 새우(중하) ········ 4마리
- 관자 ············ 4개
- 래디시 ·········· $\frac{1}{2}$개
- 피망 ············ $\frac{1}{4}$개
- 엔다이브 ········ 4장
- 양상추 ·········· 약간
- 레몬 ············ 2조각
- 대파 ············ $\frac{1}{2}$대

해산물 밑간
- 설탕 ············ 2작은술
- 식초 ············ 2작은술
- 레몬즙 ·········· 2작은술
- 화이트와인 ······ 2작은술
- 마요네즈 ········ 2작은술
- 다진 마늘 ······ 1작은술

전채 소스
- 마요네즈 ········ 3큰술
- 연겨자 ·········· 1큰술
- 레몬즙 ·········· 2큰술
- 설탕 ············ 2큰술
- 오렌지주스 ······ 2큰술
- 꼬냑 ············ 1작은술
- 소금 ············ $\frac{1}{2}$작은술

이렇게 만들어 보세요

1. 분량의 전채 소스 재료를 모두 섞어 냉장고에서 30분 이상 숙성시킨다.
2. 겉면의 막을 제거한 관자는 0.3cm 두께로 얇게 편 썬다.
3. 냄비에 물과 레몬, 대파를 넣고 끓으면 관자와 새우를 넣은 후 뚜껑을 닫는다. 한 번 더 끓으면 바로 불을 끄고 5분간 둔 후 해산물을 건져 얼음물에 헹군 뒤 물기를 제거한다.
4. 데친 새우는 꼬리만 남겨둔 채 머리와 껍질을 제거하고 등 쪽으로 칼집을 넣어 2등분한다. 데친 관자와 새우를 해산물 밑간에 20분간 재운다.
5. 씨를 제거한 피망과 양상추는 0.3cm 두께로 채 썰고 엔다이브는 깨끗이 씻는다. 래디시는 얇게 편 썬다.
6. 양상추와 피망에 전채 소스를 조금씩 넣어가며 버무린다.
7. 엔다이브의 오목한 잎부분에 버무린 양상추와 피망을 담고 그 위에 관자, 새우를 올린 뒤 래디시를 얹어 장식한다.

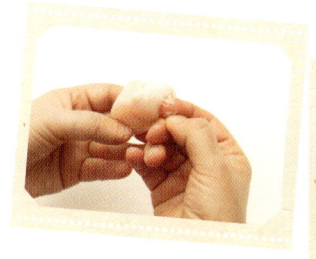   

외국인 초대 요리

새송이버섯과 너비아니 구이

싱싱한 새송이버섯과 쇠고기만 있다면 요리 초보자도 쉽게 만들 수 있는 요리예요. 더불어 재료 본연의 맛을 느낄 수 있기 때문에 남녀노소 누구나 좋아하지요. 탑으로 층층이 쌓아도 보고, 꼬치에 끼워도 보고, 상황에 따라 다양하게 연출해 보세요. 담음새에 따라 요리의 느낌도 확연히 다르답니다.

재료(4인분)
새송이버섯 ············ 5개
쇠고기 채끝살 ······ 400g

새송이버섯 밑간
소금 ················· 약간
후춧가루 ············ 약간

쇠고기 밑간
배즙 ················· 2큰술
설탕 ················· 1큰술
청주 ················· 1큰술
참기름 ·············· 1큰술

쇠고기 양념장
간장 ················· 3큰술
설탕 ················· 1작은술
다진 파 ············· 1큰술
다진 마늘 ·········· 1작은술
꿀 ···················· 1큰술
후춧가루 ············ 약간

고명
잣 ···················· 2큰술

이렇게 만들어 보세요

1. 고명용 잣은 흰 종이에 얹고 칼날로 굵게 다진다.
2. 분량의 쇠고기 양념장 재료를 모두 섞는다.
3. 새송이버섯은 1cm 두께의 길이로 썰고 약간의 소금, 후춧가루에 밑간하여 참기름(분량 외)을 바른 그릴 팬에 살짝 굽는다.
4. 쇠고기는 칼끝으로 칼집을 넣고 밑간에 10분간 재운 후, 다시 양념장에서 20분간 재운다.
5. 양념한 고기를 건져 그릴 팬에서 남은 양념을 조금씩 끼얹어 가며 노릇하게 굽는다.
6. 접시에 구운 쇠고기와 새송이버섯을 담은 후 다진 잣을 곱게 뿌려 장식한다.

외국인 초대 요리

궁중 떡볶이

임금님 수라상에 올랐다는 궁중 떡볶이예요. 결혼 전 친정어머니께서 생일 때마다 해주곤 하셨죠.
아이들은 물론이고 매운 음식을 피해야 하는 분들이나, 외국인에게 대접하기 좋은 메뉴에요.

재료(4인분)
가래떡(5㎝ 길이) ········ 500g
쇠고기 ·················· 100g
말린 호박 ················ 50g
말린 가지 ················ 50g
건표고버섯 ··············· 3개
양파 ···················· $\frac{1}{4}$개
청양고추 ················· 1개
홍고추 ··················· $\frac{1}{2}$개

쇠고기·표고버섯 밑간
간장 ···················· 1큰술
청주 ··················· 1작은술
설탕 ··················· 1작은술
참기름 ·················· 1큰술
다진 파 ··················· 약간
후춧가루 ·················· 약간

양념장
간장 ···················· 2큰술
설탕 ···················· 2큰술
참기름 ··················· 1큰술
통깨 ···················· 2큰술
소금 ····················· 약간
후춧가루 ·················· 약간

이렇게 만들어 보세요

1. 따뜻한 물에 약간의 설탕(분량 외)을 넣고 말린 호박, 말린 가지, 그리고 건표고버섯을 30분간 불린 후 물기를 꼭 짠다.
2. 청양고추와 홍고추, 양파는 곱게 채 썬다.
3. 불린 표고버섯과 쇠고기는 0.3㎝ 두께로 채 썰어 분량의 밑간에 10분간 재운 뒤 기름 두른 팬에 볶는다.
4. 불린 호박과 가지, 양파도 기름 두른 팬에 넣어 부드럽게 볶는다. 이때 크기가 크면 2등분한다.
5. 가래떡은 길이로 4~5등분하여 끓는 물에 부드럽게 삶는다. 삶은 가래떡은 찬물에 헹구지 않고 체에 밭쳐 물기를 제거하고 약간의 간장, 참기름(분량 외)으로 밑간한다.
6. 분량의 양념장 재료를 모두 섞는다.
7. 볶아 놓은 채소, 떡, 쇠고기, 표고버섯과 양념장을 골고루 버무린다.

대추차

설악산 중턱에 있는 찻집에서 정말 맛있는 대추차를 먹은 적이 있어요. 산을 바라보며 마시는 대추차의 은은하고 깊은 대추향은 정말 일품이랍니다. 생강과 통계피의 알싸한 맛이 특별했던 그집 대추차의 비법을 알려드릴게요.

재료(4인분)
대추 ················· 20개
물 ···················· 4컵
통계피(10cm) ········· 1개
생강 ················· 1톨
계핏가루 ············ 1작은술
황설탕 ··············· 3큰술

고명
대추 ················· 4개
잣 ···················· 약간

이렇게 만들어 보세요

1. 깨끗이 씻은 대추에 칼집을 넣고 씨를 중심으로 돌려깎기하여 살만 발라낸다.
2. 고명용 대추의 살은 납작하게 눌러 돌돌 말은 후 모양 살려 썬다.
3. 생강은 편 썬다.
4. 발라낸 대추살과 물 1컵을 믹서에 붓고 곱게 간다.
5. 갈아 놓은 대추물과 남은 물, 통계피, 대추씨를 냄비에 끓이다가 은근한 불로 줄여 20분간 더 끓이고 통계피는 꺼낸다. 생강편을 넣고 10분간 더 끓인다.
6. 마지막에 계핏가루, 황설탕을 넣고 한 번 더 끓인 후 체에 거른다.
7. 고명을 띄운다.

맛있는 이야기 * 하나

부모님 초대요리

친정아버지가 교통사고로 돌아가신지 얼마 안됐던 때라 시아버님 모시는 일이 제겐 각별하게 느껴져 최선의 노력을 다해 모셨지요. 매일 메뉴를 한식, 양식, 일식 등으로 바꿔가며 음식이 겹치지 않게 하는 데 신경을 썼어요. 양식을 좋아하시는 아버님을 위해 감자와 해시 브라운 포테이토를 구워내고 수프에 포크·나이프까지 세팅해서 아침상을 차리면서도, 빵이 지겨우실까봐 물만두나 국수 등을 번갈아 해드렸어요.

아버님은 과묵하신데다 입이 짧으셔서 두 번 올라온 찬에는 젓가락도 대지 않으시는 분이셨는데 그 입맛을 맞추는 일이 무척 어려웠어요. 찐 밤을 안 드시는 아버님을 위해 간식 때 드실 밤을 매일 10개씩 까고, 감자를 쪄고, 고구마를 부쳐 내고, 과일을 내드렸지요.

시댁은 대가족이고 모이기를 좋아하는 가풍이어서 새댁 시절부터 스무 명 분의 상을 내는 일이 다반사였어요. 행사가 있을 때는 30여명이 우리 집에 모였는데 200개의 만두를 빚고, 전을 부치고, 갈비를 재워서 대접을 해야 했어요. 당시에는 고되다고 느꼈는데 그때의 요리 훈련이 있어서 지금의 제가 있는 게 아닐까 생각해 봅니다.

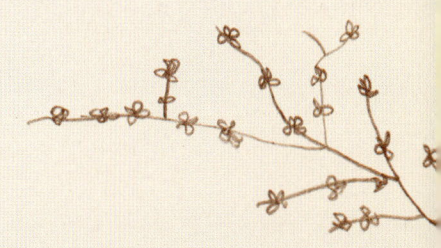

외국인 초대요리

한번은 벨기에에서 오신 손님을 대접할 기회가 있었어요. 푸드 저널리스트라고 소개받았는데, 알고 보니 요리계의 거장 피에르 가니에르와 함께 작업했던 장 피에르 가브리엘이더군요. 최근에는 한식의 세계화를 알리기 위해 열린 '고메(Gourmet) 2010'에도 참여했다고 합니다.

메뉴를 무엇으로 할까 고민하다가 마침내 골라낸 것은 한국적인 요리였어요. 밥과 고기를 넣은 무국에 멸치볶음을 밑반찬으로 놓고, 봄 생채와 들깨 소스를 뿌린 냉채, 생채소를 곁들인 메로구이와, 버섯을 볶아서 밑에 넣은 떡갈비, 감자와 김치와 오징어젓 무친 것을 함께 상에 냈지요. 또 외국인들은 생밤을 먹지 않는데 얇게 저며서 냉채에 넣어 대접하니 아삭아삭하고 맛있어서 놀랐다고 하시더군요. 후식으로는 곶감 말이에 흑임자 아이스크림을 내드렸더니 이색적인 맛이라며 남김없이 다 드셨어요.

일본 히노 자동차사의 히로시마 지사장인 우에노 씨란 분이 있는데요. 그분은 한국 음식과 도자기를 너무 사랑하는 분이세요. 그래서 그분 가족을 초대했을 때 백자에 음식을 담아 한식을 코스 요리로 대접했습니다. 집에서 놓고 보기만 하는 도자기를 그릇으로 사용한 것에 대해 신기해하고 즐거워하시더군요. 외국인에게 접대할 때는 너무 진한 맛의 한식보다는, 한식을 기반으로 한 퓨전 음식이나 불고기, 잡채, 청포묵 무침 등 간이 세지 않고 외국인들이 좋아하는 음식을 메인 메뉴로 짜보세요.

Woo's Kitchen

편안하게 즐기는 뷔페 초대 요리

{ 팀워크를 다지는 }
직장동료 초대 요리

 +  +  +  +

시저드레싱 참치 타다키 / 모둠버섯 양념초밥 / 과일 소스 삼겹살찜 / 곶감 넣은 더덕 생채 / 일본식 모둠어묵

{ 우정이 돈독해지는 }
여자친구 초대 요리

{ 기분좋게 즐기는 }
와인파티 요리

 +  +     +

해물크로스티니 / 치킨버섯샐러드 / 냉우동 샐러드   카망베르 치즈구이 / 치즈샌드

따뜻한 쇠고기 채소곁들임 / 주키니 케이크 / 상그리아

와인 소스의 비프롤

남편 친구나 직장 동료들은 언제나 쉬우면서도 어려운 손님이지요. 보통은 교자상 위에 회나 갈비찜, 잡채 등의 요리를 내기 마련이지만 저는 큰 접시를 이용해 뷔페식으로 6~7가지 음식을 준비한답니다. 샐러드와 같은 채소류 보다는 고기와 해물류에 더 비중을 두고요. 따뜻한 국과 밥을 식지 않게 내는 것도 중요해요. 의외로 남자들도 단 디저트를 좋아하기 때문에 식사가 끝날 무렵 셔벗이나 작은 케이크를 한 조각씩 내는 것도 나쁘지 않을 것 같아요. 가끔 지나친 술로 인해 음식 맛을 제대로 못 보는 경우도 있으니 처음부터 과한 술자리가 되지 않도록 분위기를 이끌어야지요.

시저 드레싱의 참치 타다키

고급 레스토랑에서 맛보고 나서 이곳저곳 찾아다니며 여러 번 배우기까지 했던 메뉴입니다. 잘라낸 참치 표면에 굵게 간 후추, 통깨를 충분히 묻힌 후 겉은 노릇하게 익히고 속은 부드러운 참치회의 맛을 느끼도록 만드는 것이 중요해요. 함께 곁들인 시저 드레싱은 냉장고에서 6~7개월간 보관이 가능하니 여유있게 만들어 두세요. 로메인 상추나 치킨과 함께 곁들여도 잘 어울리지요.

재료(4인분)
냉동참치 ············· 1토막
검은깨 ················ 1큰술
통깨 ··················· 1큰술
흑후춧가루 ········· 1큰술
(굵게 간 것)
샐러드 채소 ········· 약간
마늘 ··················· 10쪽

와사비마요네즈
와사비 ················ 1큰술
마요네즈 ············· 3큰술
무즙 ··················· 1큰술
배즙 ··················· 1큰술
설탕 ··················· 1작은술
간장 ··················· 1작은술
참기름 ················ 1작은술

시저 드레싱
다진 양파 ············ 2큰술
다진 안초비 ········ 3마리
다진 마늘 ············ 1작은술
노른자 ················ 1개
레드와인식초 ······ 2큰술
조린 발사믹 ········ 1작은술
(p.87)
파마산 치즈가루 ··· 20g
올리브오일 ·········· 1컵
소금 ··················· 약간
후춧가루 ············· 약간

이렇게 만들어 보세요

1. 미지근한 물 4컵에 꽃소금 1큰술(분량 외)을 풀고 냉동참치를 통째로 담가 3분간 해동한다. 냉동참치는 물기를 제거하고 마른 행주로 감싸 냉장고에서 서서히 해동시킨다.
2. 검은깨, 통깨, 굵게 간 흑후춧가루를 골고루 섞어 해동한 냉동참치의 사방에 골고루 묻힌다. 달군 팬에 기름을 두르고 냉동참치의 겉면만 익힌 후 냉장고에서 차게 식힌다.
3. 마늘은 얇게 편 썰어 찬물에 담가 매운 맛을 빼고 물기를 제거하여 기름 두른 팬에서 바삭하게 튀긴다.
4. 올리브오일과 파마산 치즈를 제외한 시저 드레싱 재료를 모두 섞는다. 올리브오일을 조금씩 넣어가며 분리되지 않도록 거품기로 계속 저어준다. 마지막에 파마산 치즈를 조금씩 넣으면서 농도를 조절하고 소금, 후춧가루로 간한다.
5. 분량의 와사비 마요네즈 재료를 모두 섞는다.
6. 샐러드 채소는 씻어 물기를 제거한 뒤 한 입 크기로 준비한다.
7. 냉장고에 넣어 둔 참치를 꺼내 칼을 뉘여 0.5cm 두께로 어슷 썬다.
8. 샐러드 채소를 깔고 썰어 놓은 참치를 올리고 약간의 조린 발사믹(분량 외)과 ③의 마늘칩으로 장식한다. 먹기 직전에 와사비 마요네즈와 시저 드레싱을 곁들인다.

모둠버섯 양념초밥

일본에 사는 지인에게서 배운 모둠버섯 양념초밥입니다. 고슬고슬하게 지은 밥에 새콤한 단촛물을 버무린 후 그 위에 재료를 뿌리는 요리입니다. 양념한 생선이나, 생선회를 얹어도 되지요. 저는 조림장에 조린 버섯을 얹은 모둠버섯 양념초밥을 소개해 드릴게요.

재료(4인분)
- 쌀(불리기 전) ·············· 2컵
- 다시마육수(p.13) ········ 2$\frac{1}{3}$컵
- 초생강 ······················ 2큰술
- 표고버섯 ···················· 3개
- 새송이버섯 ················· $\frac{1}{2}$팩
- 느타리버섯 ················· $\frac{1}{2}$팩
- 유부 ························ 6장
- 당근 ························ 100g
- 연근 ························ $\frac{1}{2}$개
- 오이 ························ $\frac{1}{2}$개
- 달걀 ························ 1개
- 검은깨 ····················· 약간

배합초
- 식초 ························ 4큰술
- 설탕 ························ 2큰술
- 소금 ························ 1작은술

조림장
- 다시마육수(p.13) ········ $\frac{1}{3}$컵
- 간장 ························ 1큰술
- 맛술 ························ 1큰술
- 설탕 ························ 1큰술
- 소금 ························ 1작은술

이렇게 만들어 보세요

1. 쌀을 찬물에 30분간 불리고 체에 밭쳐 물기를 제거한 뒤 분량의 다시마육수로 밥을 짓는다. 쌀의 상태에 따라 육수의 양을 가감한다.
2. 배합초의 재료를 모두 섞어 설탕이 녹을 정도만 전자레인지에 돌린 후 한 김 식힌 밥에 넣고 가르듯이 섞는다.
3. 표고버섯과 새송이버섯은 채 썰고, 느타리버섯은 결대로 찢는다.
4. 유부는 뜨거운 물에 데친 후 채 썰고, 당근은 5㎝ 길이로 채 썬다.
5. 모양 살려 얇게 썬 연근은 끓는 물에 식초(분량 외)를 넣고 살짝 데친 후 약간의 식초, 물, 설탕(분량 외)을 섞은 물에 2시간 절이고 꼭 짜서 물기를 제거한다.
6. 오이는 둥근 모양 살려 얇게 썰고 소금에 살짝 절인 후 꼭 짜서 물기를 제거한다.
7. 달걀을 풀어 약간의 설탕과 청주(분량 외)를 섞고 약불에서 달걀지단을 만들어 채 썬다.
8. 냄비에 조림장을 끓이다가 표고버섯, 새송이버섯, 느타리버섯, 유부, 당근을 넣고 양념이 1큰술 남을 때까지 자작하게 조린 후 식힌다.
9. 배합초를 섞은 밥에 ⑧과 나머지 재료, 초생강을 모두 섞어 그릇에 담고 달걀지단과 검은깨를 올려 장식한다.

직장동료 초대 요리

과일 소스를 곁들인 삼겹살찜

제게 요리를 배우는 분 중에 이름만 대면 알 만한 분이 있었어요. 자신의 일이 있으니 손에 물 묻힐 일이 없을 것 같았는데 의외로 남대문 시장에서 장을 보고 직접 요리를 한다더군요. 그에게 알려 준 요리가 바로 이거랍니다. 중국의 동파육과 비슷한 요리지만, 우리 입맛에 맞도록 조림장을 새롭게 만들었어요. 향긋한 과일 위에 삼겹살을 올려 푹 쪄서 기름기가 적어 담백하고, 건강에 좋은 은행, 대추, 밤도 듬뿍 넣었답니다.

재료(4인분)
- 통삼겹살 600g
- 양파 1/3개
- 사과 1/3개
- 밤 2알
- 은행 5알
- 대추 3알
- 두부 1모
- 녹말가루 3큰술
- 참기름 1큰술
- 꿀 1큰술

조림장A
- 사과 1/4개
- 배 1/4개
- 양파 1/4개
- 통조림 파인애플 1개 (링모양)

조림장B
- 간장 1/3컵
- 매실청 2큰술
- 올리고당 1큰술
- 생강퓌레(p.15) 1작은술
- 물 2/3컵
- 후춧가루 약간

이렇게 만들어 보세요

1. 통삼겹살은 약간의 청주와 후춧가루(분량 외)에 20분간 재운다.
2. 양파와 사과는 1cm 두께의 링 모양으로 썰고, 밤은 껍질을 벗긴다.
3. 은행은 기름 두른 팬에 볶아 껍질을 벗기고 대추는 돌려깎기하여 4등분한다.
4. 두부는 4×4×2cm 크기로 썰어 물기를 제거하고 녹말가루를 골고루 묻혀 기름 두른 팬에 지진다.
5. 조림장A 재료를 모두 믹서에 곱게 갈아 면 보자기에 받쳐 즙만 거른다.
6. 냄비에 링 모양으로 썬 양파와 사과를 넓게 깔고 그 위에 밑간해 둔 통삼겹살의 고기 쪽이 아래로 가도록 얹고 뚜껑을 닫아 중불에서 20분간 찐다. 고기를 뒤집고 중불에서 다시 20분간 찐다.
7. 찐 삼겹살은 얼음물에 깨끗이 씻은 후 1cm 두께로 썬다.
8. 냄비에 조림장A와 조림장B를 넣고 끓으면 ⑦의 삼겹살을 넣어 국물이 반으로 줄어들 때까지 조린 후 밤, 대추, 은행을 넣어 10분간 조린다.
9. 국물이 자작해지면 지진 두부와 참기름, 꿀을 넣어준다.

곶감 넣은 더덕 생채

더덕은 손질이 어렵긴 하지만 맛과 영양, 그리고 향의 측면에서 따라갈 재료가 없지요. 대체로 더덕은 고추장 양념을 해서 구워먹는데 향긋한 유자청과 달콤한 곶감을 함께 버무리자 격이 높은 일품요리가 되었어요. 어른들에게는 술과 함께 곁들이기 좋은 요리로, 더덕을 싫어하는 아이들에는 달콤한 생채로 친근하게 다가갈 수 있는 요리입니다. 참, 외국인들도 의외로 좋아하는 요리니 참고하세요.

재료(4인분)
- 더덕(100g) ·············· 10개
- 양파 ····················· 1/4개
- 달래 ····················· 약간
- 밤 ······················· 2개
- 배 ······················· 1/4개
- 곶감 ····················· 2개
- 대추 ····················· 2개

양념장
- 고춧가루 ················· 2큰술
- 고추장 ··················· 1½큰술
- 유자청 ··················· 1큰술
- 매실청 ··················· 1큰술
- 맛간장(p.17) ············· 1큰술
- 다진 마늘 ················ 1작은술
- 꿀 ······················· 1큰술
- 통깨 ····················· 1큰술
- 식초 ····················· 2큰술

이렇게 만들어 보세요

1. 더덕은 윗동을 잘라내고 칼로 껍질을 살살 돌려가며 벗긴 다음 체에 받쳐 30분간 두어 물기를 스며들게 한다.
2. ①의 더덕을 길이로 2등분하고 방망이로 두들겨 납작하게 만든 후 한입 크기로 찢는다.
3. 양파는 곱게 채 썰어 찬물에 20분간 담근 후 물기를 제거하고, 달래는 씻어서 3㎝ 길이로 썬다.
4. 껍질 벗긴 밤은 편 썰고 배는 길이를 살려 얇게 채 썰고, 곶감과 대추는 씨를 제거한 후 채 썬다.
5. 분량의 양념장 재료를 모두 섞는다.
6. 손질한 재료에 양념장을 넣고 골고루 버무린다.

직장동료 초대 요리

일본식 모둠어묵

얼큰하게 끓이는 흔한 어묵탕이 아닌 사케집에서 즐기는 고급 어묵탕이에요. 우동쓰유만 미리 준비해 놓는다면 정말 간단하게 만들 수 있답니다. 주변에서 쉽게 구할 수 있는 다양한 어묵을 이용하면 색다른 요리가 될 거예요. 냉장고에서 남아도는 가래떡이나 유부주머니를 꽂아도 좋아요.

재료(4인분)
- 우동쓰유(p.17) ············· 1컵
- 물 ························· 7컵
- 무 ························· $\frac{1}{6}$개
- 건고추 ····················· 1개
- 어묵 2~3종류 ········· 4개씩
- 두부 ······················· $\frac{1}{2}$모
- 메추리알 ··················· 4개
- 곤약 ······················· $\frac{1}{2}$모
- 꼬치 ····················· 4~6개

이렇게 만들어 보세요

1. 냄비에 분량의 우동쓰유와 물, 무, 건고추를 넣어 15분간 끓이고 체에 밭쳐 육수만 거른다.
2. 두부는 한입 크기로 깍둑썰기하여 키친타월로 감싸 물기를 제거하고 약간의 소금, 후춧가루(분량 외)로 밑간한 뒤 기름 두른 팬에서 바삭하게 굽는다.
3. 곤약은 두부와 같은 크기로 썰어 끓는 물에 데치고, 메추리알은 완숙으로 삶은 후 껍질을 제거한다.
4. 2~3종류의 어묵과 두부, 곤약 그리고 메추리알을 번갈아 가며 꼬치에 끼운다.
5. 완성된 육수에 꼬치를 넣어 한 번 더 끓인다.

여자친구 초대 요리

와사비마요네즈 해물 크로스티니

이태리어로 '작은 토스트'라는 뜻을 가진 크로스티니(Crostini)는 토스트한 바게트나 빵 위에 다양한 재료를 얹어서 먹는, 오픈 샌드위치의 일종이에요. 과일을 얹으면 과일 크로스티니, 견과류를 얹으면 견과류 크로스티니가 된답니다. 전 좀 더 특별하게 와사비마요네즈를 곁들인 해물 크로스티니를 소개합니다. 와사비 마요네즈는 넉넉히 만들어 샐러드 드레싱으로 쓰거나 튀김에 곁들여 드세요.

재료(4인분)

호밀빵	5~6조각
냉동참치	$\frac{1}{2}$마리
참소라	1개
새우(중하)	6마리
관자	2개
날치알	1큰술
아보카도	$\frac{1}{2}$개
루콜라	약간

와사비마요네즈

와사비	$\frac{1}{2}$큰술
마요네즈	3큰술
생크림	$\frac{1}{2}$큰술
꿀	$\frac{1}{2}$큰술
레몬즙	$\frac{1}{2}$큰술
소금	약간
후춧가루	약간

이렇게 만들어 보세요

1. 미지근한 물 4컵에 꽃소금 1큰술(분량 외)을 풀고 냉동참치를 통째로 담가 3분간 해동한다. 냉동참치는 물기를 제거하고 마른 행주로 감싸 냉장고에서 서서히 해동한 후 1×1cm로 깍둑썰기한다.
2. 껍질을 제거한 참소라, 새우, 관자를 찬물에서부터 함께 끓여 80% 정도 익으면 불을 끄고 5분간 그대로 두었다가 찬물에 식힌다.
3. 참소라와 관자는 모양 살려 얇게 썰고, 새우는 머리와 꼬리, 껍질을 제거하여 1×1cm 크기로 깍둑썰기한다.
4. 아보카도는 껍질 제거 후 1×1cm 크기로 깍둑썰기하고, 루콜라는 찬물에 담근 뒤 물기를 제거한다.
5. 분량의 와사비마요네즈 재료를 모두 섞어 준비된 해산물, 날치알과 버무린다.
6. 호밀빵을 마른 팬에서 노릇하게 토스트한다.
7. 준비된 호밀빵 위에 버무린 재료와 루콜라를 얹는다.

여자친구 초대 요리

허니머스터드 치킨버섯 샐러드

친구들과 함께 갔던 '미엘'이라는 청담동의 레스토랑에서 맛본 메뉴로, 따뜻하게 즐기는 샐러드랍니다. 샐러드지만 닭가슴살과 고구마, 감자가 가득 들어 있어 한 끼 식사로도 손색이 없어요.
준비된 재료가 따뜻할 때 드레싱을 버무려야 된다는 점을 잊지 마세요. 단단한 치즈 종류가 없으면 쉽게 구할 수 있는 치즈를 함께 곁들여도 돼요.

재료(4인분)
닭 가슴살 ················ 2조각
양송이버섯 ················ 6개
새송이버섯 ················ 2개
감자 ···························· 1개
고구마 ······················ ½개
단단한 치즈류 ············ 약간
(에멘탈 치즈, 그뤼에르 치즈)
조린 발사믹(p.87) ······ 1큰술
루콜라 ······················ 약간

허니머스터드 드레싱
디종 머스터드 ············ ½큰술
마요네즈 ···················· 2½큰술
플레인요구르트 ·········· 1½큰술
꿀 ······························ 1큰술
다진 양파 ·················· 1작은술
생크림 ······················ 1큰술
핫소스 ······················ ½큰술
땅콩버터 ···················· ½큰술
소금 ·························· 약간

이렇게 만들어 보세요

1. 분량의 허니머스터드 드레싱 재료를 모두 섞는다.
2. 흰색의 기름 부분을 제거한 닭가슴살은 약간의 올리브오일과 소금, 후춧가루(분량 외)에 10분간 재우고 팬에 구워 2×2cm 크기로 깍둑썰기한다.
3. 양송이버섯은 길이로 2등분하고 새송이버섯은 2×2cm 크기로 깍둑썰기한다.
4. 감자와 고구마는 깨끗이 씻어 껍질째 삶아 2×2cm 크기로 깍둑썰기한다.
5. 기름 두른 팬에 버섯, 감자, 고구마를 넣고 약간의 소금, 후춧가루(분량 외)로 간하여 볶는다.
6. 볶은 재료와 닭가슴살이 뜨거울 때 드레싱을 부어 골고루 버무린다.
7. 슬라이서로 간 치즈와 루콜라로 장식하고 마지막에 조린 발사믹을 뿌린다.

냉우동 샐러드

우동 샐러드, 조금 생소하시죠? 차갑게 식힌 통통한 우동면과 부드러운 해산물, 싱싱한 채소를 함께 버무렸어요. 샐러드라고 가볍게 보다간 큰 코 다쳐요. 한 그릇 뚝딱하고 나면 배가 아주 든든하니까요.
냉우동 샐러드는 재료에 드레싱을 골고루 버무리고, 우동면을 탱글탱글하게 삶아야 제 맛이 나요. 우동 브랜드마다 면 삶는 시간은 차이가 있으니 조금씩 맛보며 삶으세요. 여름에는 우동면 대신 메밀면으로 삶으면 계절에 잘 어울리는 메뉴가 되겠죠.

재료(4인분)

- 우동면 ··········· 1팩
- 오이 ··········· 1/4개
- 적양파 ··········· 1/2개
- 토마토 ··········· 1/2개
- 새우(중하) ··········· 200g
- 오징어(몸통) ··········· 2마리
- 관자 ··········· 1개
- 샐러드 채소 ··········· 150g
  (양상추, 베이비 채소)

드레싱

- 간장 ··········· 2큰술
- 굴소스 ··········· 1큰술
- 레몬즙 ··········· 2큰술
- 식초 ··········· 2큰술
- 설탕 ··········· 2큰술
- 다진 마늘 ··········· 1큰술
- 와사비 ··········· 2큰술
- 유자청 ··········· 1큰술
- 포도씨오일 ··········· 4큰술
- 참기름 ··········· 1큰술

이렇게 만들어 보세요

1. 우동면은 끓는 물에 삶아 얼음물에 담가 식힌다.
2. 준비된 샐러드 채소는 흐르는 물에 씻어 물기를 제거하고 한 입 크기로 찢는다.
3. 오이는 길이로 반을 갈라 숟가락으로 긁어 씨를 제거하고 0.3cm 두께의 반달모양으로 얇게 썬다.
4. 적양파는 곱게 채 썰어 찬물에 씻어 매운맛을 제거하고, 토마토는 꼭지를 제거하고 5~6등분한다.
5. 오징어는 밀가루(분량 외)를 뿌려 5분간 두었다가 박박 주물러 흐르는 물에 헹군 뒤 체에 밭쳐 물기를 제거하고 1cm 두께의 링 모양으로 썬다.
6. 관자는 겉면의 막을 제거하고 0.3cm 두께로 얇게 편 썬다.
7. 새우는 머리, 꼬리, 껍질을 제거한다.
8. 냄비에 물과 레몬 한 조각을 넣고 끓으면 준비된 해산물을 넣고 뚜껑을 닫는다. 이후 한 번 더 끓으면 바로 불을 끄고 5분 후 얼음물에 헹군다.
9. 분량의 드레싱 재료를 모두 섞는다.
10. 준비된 채소와 해산물, 우동면, 드레싱을 골고루 버무린다.

여자친구 초대 요리

따뜻한 쇠고기 채소 곁들임

제 수업을 듣는 수강생 분들이나 손님들은 환타 소스 드레싱이 뿌려진 샐러드라고 부르기도 해요. 드레싱 색깔이 시중에 나온 탄산음료와 비슷하죠? 드레싱 재료들을 보면 과연 어떤 맛일까 궁금하실 텐데, 입맛을 돋우는 상쾌하고 부드러운 맛이랍니다.
계속 말씀드리지만, 샐러드 채소는 냉장고에 있는 어떤 채소를 사용해도 상관없답니다.

재료(4인분)
쇠고기 채끝살 ······· 200g
양상추 ················ 1/4통
오이 ··················· 1개
적양파 ················ 1/2개
보르도 무 ············ 1/3개

쇠고기 밑간
청주 ················ 1작은술
맛술 ················ 1작은술
식초 ················ 1작은술
파인애플 국물 ···· 1작은술
(통조림)
소금 ··················· 약간
후춧가루 ·············· 약간

구움 양념장
마요네즈 ··········· 1작은술
파인애플 국물 ···· 1작은술
(통조림)

보르도 무 절임장
식초 ················ 3큰술
설탕 ················ 3큰술
소금 ················ 1큰술

드레싱
포도씨오일 ········ 1/3컵
설탕 ················ 1큰술
식초 ················ 1큰술
마늘 ··················· 1쪽
파인애플 국물 ···· 1큰술
(통조림)
통조림 파인애플 ···· 1/2개
연겨자 ············· 1작은술
토마토케첩 ········ 1큰술
소금 ··················· 약간

이렇게 만들어 보세요

1. 분량의 구움 양념장 재료를 모두 섞는다.
2. 쇠고기는 밑간에 10분간 재운 후 약간의 버터와 카놀라오일(분량 외)을 두른 팬에서 구움 양념장을 발라가며 익힌다. 한 김 식힌 후 0.5cm 두께로 채 썬다.
3. 양상추는 0.5cm 두께로 채 썰고 오이는 5cm 길이로 토막낸 뒤 돌려깎기하여 마찬가지로 0.5cm 두께로 채 썬다.
4. 적양파 역시 0.5cm 두께로 채 썰고 찬물에 헹궈 매운맛을 제거한다.
5. 보르도 무는 0.5cm 두께로 채 썰어 분량의 절임장에 버무려 15분간 절인 후 물기를 꼭 짠다.
6. 분량의 드레싱 재료를 모두 믹서에 곱게 간다.
7. 쇠고기, 채 썬 채소, 드레싱을 모두 버무린다.

주키니 케이크

이모가 미국에서 유학할 당시에 많이 해 드셨다는 케이크예요. 빵이나 케이크가 너무 먹고 싶었지만 워낙 물가가 비싸, 집에서 이것저것 많이 해 드셨다고 하더라고요. 그때 손수 만든 레시피라며 비밀스럽게 알려주셨답니다. 빵이나 과자를 집에서 굽는 건 상상도 못하셨다는 분들, 오븐만 있다면 얼마든지 가능하답니다. 컨트리풍 건강 케이크의 촉촉한 맛을 즐겨보세요.

재료(4인분)
- 주키니 …………………… 1개
- 건포도 …………………… $\frac{1}{2}$컵
- 호두 ……………………… $\frac{1}{2}$컵

- 박력분 …………………… $1\frac{1}{2}$컵
- 계핏가루 ………………… $\frac{1}{2}$큰술
- 소금 ……………………… 1작은술
- 베이킹파우더 …………… 1작은술
- 베이킹소다 ……………… 1작은술
- 달걀 ……………………… 2개
- 설탕 ……………………… $\frac{1}{2}$컵
- 카놀라오일 ……………… $\frac{1}{2}$컵
- 바닐라오일 ……………… 1작은술

이렇게 만들어 보세요

1. 주키니는 0.5cm 두께로 채 썬다.
2. 호두는 굵게 다진다.
3. 박력분, 계핏가루, 소금, 베이킹파우더, 베이킹소다를 체친 후 설탕, 카놀라오일, 바닐라오일, 달걀을 넣고 고무주걱을 이용해 골고루 섞는다.
4. ③의 반죽에 채 썬 주키니와 건포도, 다진 호두를 넣어 한 번 더 버무려 준다.
5. 실온에 두어 부드러워진 버터(분량 외)를 파운드케이크 틀에 골고루 바르고 반죽을 붓는다.
6. 반죽을 평평하게 담고 가운데 칼집을 넣어 180℃로 예열 된 오븐에서 50분간 굽는다.

상그리아

정열의 나라 스페인에서 먹었던 상그리아의 맛을 잊지 못해요. 맛있어서 한 모금 먹었는데 취할 줄은 몰랐죠. 사실 상그리아도 맛있었지만 분위기에 더 취했어요. 술을 잘 못 드시는 분들이나, 요리에 술을 곁들이는 분들에게 딱 좋은 음료입니다. 너무 오래 숙성하면 과일의 신선한 맛이 떨어지니 하루만 숙성해서 드시는 것이 좋아요. 맛있다고 홀짝홀짝 드시면 취할 수 있으니 조심하세요.

재료(4인분)
- 레드와인(750㎖) ·········· 1병
- 토닉워터 ················· 300㎖
- 브랜디 ··················· 2큰술
- 오렌지주스 ··············· 1¼컵
- 설탕 ····················· 6큰술
- 오렌지 ··················· 1개
- 사과 ····················· 1개

이렇게 만들어 보세요

1. 오렌지와 사과는 깨끗이 씻고 껍질째 10등분한다.
2. ①의 오렌지와 사과를 도마 위에 얹고 방망이로 살짝 두드려 즙을 낸다.
3. 분량의 재료를 모두 통에 넣어 잘 섞은 후 서늘한 곳에서 하루 정도 숙성시킨다.

*** **칼로 로시 콩코드** 적당한 단맛과 풍미가 있어 쉽게 마실 수 있는 레드와인이에요. 게다가 과일향이 풍부해 상그리아용으로 딱 좋지요. 가격 또한 1만 원 선이라 부담 없이 즐기실 수 있습니다. 가까운 대형마트에서 구입했답니다.

*** **토닉워터** 칵테일을 만들 때 술과 함께 섞는 것이 바로 이 토닉워터에요. 술의 알코올을 낮춰주고 탄산이 들어 있어 톡 쏘는 맛을 살리는 역할을 한답니다. 가까운 대형마트에서 구입할 수 있어요. 없을 땐 사이다로 대체하되, 설탕의 양은 조금 줄여주세요.

Tip 나만의 상그리아 만들기

상그리아는 만드는 사람에 따라 그 맛이 천차만별이랍니다. 저처럼 가볍게 즐기길 원한다면 브랜디를 조금 넣고, 알코올 도수를 더 높이고 싶다면 더 많은 양의 브랜디를 넣거나 꼬냑을 넣어도 된답니다. 과일 역시 가까이에서 구하기 쉬운 과일로 이용하세요.

그리시니와 카망베르 치즈 구이

친한 친구가 와인 바를 오픈했다기에 들렀다가 먹어보고 만든 요리입니다. 카망베르 치즈 구이는 먹기 직전에 구워야 제대로 된 맛을 느낄 수 있어요. 치즈는 나무통에 든 것을 구입하도록 하시고요, 그리시니는 가까운 제과점에서 구입하여 이용하세요. 갑작스레 손님이 오신 경우에 간편하게 낼 수 있는 근사한 와인 안주랍니다.

재료(4인분)

카망베르 치즈	250g
(나무용기에 담긴 것 1통)	
그리시니	8개
적양파	½개
꼬냑	2큰술
소금	약간
후춧가루	약간

이렇게 만들어 보세요

1. 카망베르 치즈 가운데를 깊게 파서 나무통 그대로 오븐용 그릇에 옮겨 담는다.
2. 적양파는 곱게 채 썰어 버터와 카놀라오일(분량 외)을 두른 팬에서 중불에서 투명해질 때까지 볶다가 꼬냑과 소금, 후춧가루를 뿌리고 알코올이 날아갈 정도로 한 번 더 볶는다.
3. 볶은 적양파를 카망베르 치즈 가운데 넣고 200℃ 예열된 오븐에서 10분간 굽는다.
4. 카망베르 치즈를 통째로 꺼내고 그리시니를 찍어 먹을 수 있도록 곁들여 낸다.

*** **카망베르 치즈** 고소한 맛과 부드러운 맛이 다른 어떤 치즈보다 깊은 카망베르 치즈는 프랑스 사람들에게 가장 사랑받는 치즈입니다. 그냥 먹어도 맛있지만 녹이게 되면 점질성이 뛰어나 다양한 요리에서 사랑받고 있죠. 카망베르 치즈를 구이용으로 쓸 때는 나무통으로 된 coeur de lion 제품을 구입해 보세요. 가까운 백화점이나 코스트코에서 구입하실 수 있어요.

치즈샌드

쉽게 구할 수 있는 체더 치즈와 호두, 건포도만 있다면 일품 와인 안주를 만드실 수 있어요. 켜켜이 쌓은 치즈샌드를 찜통에서 찐 다음 냉동실에 굳힌 모양을 보면 너무 못생겨서 기가 막히실 거예요. 저도 그랬거든요. 그래도 막상 잘라놓고 보면 귀엽답니다. 시간 날 때 넉넉히 만들어 놓고 손님이 오시면 실온에서 살짝만 녹여 대접해보세요. 모두들 모양에 한 번, 맛에 또 한 번 감탄할 걸요?

재료(4인분)
체더 치즈 ·················· 12장
건포도 ························ ½컵
호두 ···························· 1컵
샌드위치용 햄 ············ 2장

이렇게 만들어 보세요

1. 호두는 껍질을 벗겨 2등분한다.
2. 도마 위에 쿠킹포일을 넓게 깔고 그 위에 체더 치즈 2장을 얹고 호두를 펼쳐 올린다.
3. 그 위를 체더 치즈로 덮고 건포도, 체더 치즈, 햄 순으로 얹은 후 마지막에 치즈 2장으로 다시 덮는다. 쿠킹포일로 꼼꼼히 감싼다.
4. 동일한 방법으로 한 개 더 준비한다.
5. 꼼꼼히 감싼 치즈샌드를 정사각형 모양으로 만들고 김이 오른 찜통에서 20분간 찐다.
6. 쪄 낸 치즈샌드는 냉동실에 넣어 굳히고 먹기 직전에 3×3cm 크기로 썬다.

와인파티 요리

와인 소스의 비프롤

유럽의 전통 요리인 비프롤만큼 다양하게 응용이 가능한 요리가 또 있을까요. 얇은 쇠고기에 짭조름한 치즈 한 조각만 넣고 말아도 되고, 다진 김치만 넣어도 멋진 퓨전 스타일 비프롤이 되죠.
저는 이탈리아에 사는 지인을 통해 먹어봤던 맛을 기억하며 정통 이탈리아 스타일로 만들어봤어요. 모두 구하기 쉬운 재료니 부담 없이 만들어 보세요.

재료(4인분)

쇠고기 불고기용	200g
베이컨	2장
아스파라거스	4개
머스터드	약간
다진 피클	1큰술
다진 양파	2큰술
다진 마늘	2큰술
소금	약간
후춧가루	약간
크레송	약간
파마산 치즈	약간

와인 소스

발사믹 식초	$\frac{1}{2}$컵
레드와인	$\frac{1}{4}$컵
설탕	1작은술

이렇게 만들어 보세요

1. 베이컨을 1×1cm 크기로 썰어 끓는 물에 담가 기름을 제거하고 체에 받친다.
2. 아스파라거스는 필러를 이용하여 껍질을 벗기고 기름 두른 팬에 약간의 소금, 후춧가루(분량 외)를 넣고 볶는다.
3. 넓게 펼친 쇠고기에 머스터드를 펴바르고 다진 베이컨과 다진 피클을 얹어 돌돌 만다.
4. 분량의 와인 소스 재료를 모두 팬에 넣고 설탕이 녹을 때까지 끓인다.
5. 기름 두른 팬에 다진 양파와 다진 마늘을 볶아 향을 내다가 말아 놓은 고기를 굴려가며 80% 정도 익힌다. 이때 고기의 말린 부분을 바닥에 먼저 닿게 해야 풀리지 않는다.
6. ④의 소스를 ⑤의 팬에 붓고 숟가락으로 끼얹어 가며 센 불에서 소스가 3큰술 정도 남을 때까지 조린다.
7. 롤을 접시에 담고 소스, 크레송, 아스파라거스와 파마산 치즈로 장식한다.

맛있는 이야기 * 둘

여자친구 초대요리

가정주부인 친구들은 평소에 가사 노동에 시달리기 때문에 대부분 집에서 모이는 것을 좋아하지 않아요. 밖에서 외식하는 것이 더 즐겁지만, 많은 인원이 모인다거나 장소가 마땅치 않을 땐 집에서 모이게 되지요.
친구들이 모일 때면 "야, 요즘에 그 남자 앤 뭐한다니?" "이건 어떻게 맛을 낸 거야?" 하며 친구들 안부도 묻고 음식 얘기도 하며 정신없이 수다를 떨었어요. 아이들 얘기는 골치 아프다고 안하지만 남편 흉을 더러 보고 그럽니다. 친구들도 살림하는 여자들이다 보니 예쁜 그릇을 내면 어디서 샀는지 꼭 물어요. 그리고 그릇을 더 보여 달라고 해서 곧 그릇 전시회 분위기가 되곤 하죠.
여자 친구들을 부를 때는 격식을 차리기보다는 함께 즐길 수 있는 모임이 되도록 준비해요. 번거롭지 않도록 3~4가지의 메뉴를 다이어트 메뉴, 샐러드 위주의 가벼운 음식, 면 요리 등으로 구성합니다. 유리병에 꽃 한 송이, 촛불 하나에 예쁜 식기만 꺼내도 분위기가 달라지거든요.
각자 자신 있는 음식 한 가지씩 만들어오는 포틀럭 파티도 좋아요. 이때는 과일이나 커피 등의 디저트를 더 준비해야 하고요, 색다른 요리를 만들었을 때는 친구가 집에서 따라 해볼 수 있도록 레시피를 준비해서 주는 것도 좋은 선물이 되더군요.
방금 짠 신선한 생과일주스와 채소가 많이 들어간 오믈렛을 준비해 햇살 가득한 오전에 모여 호텔 브런치를 먹는 듯한 기분을 내보는 것도 즐거울 거예요.

와인파티 초대요리

남편 선배 중에 와인 애호가 한 분이 계신데 꼭 우리 집에 오실 적마다 4병 이상의 와인을 가지고 오십니다. 분위기가 무르익는다 싶으면 "계란말이 하나 해주세요"하시며 언뜻 와인과 어울릴 것 같지 않은 음식을 요청하시지요. 뜨겁게 구운 버섯으로 만든 샐러드나, 일본식 어묵, 달걀말이 등의 의외의 안주는 생각보다 와인과 잘 어울려서 술을 입에도 못 대는 저도 맛있게 먹을 수 있었어요.

제가 좋아하는 와인은 '모엣&샹동(Moet&Chandon)'이라는 샴페인인데 그게 입에 맞다고 했더니 매번 들고 오시더라고요. 그렇게 많은 와인을 드시고도 한 번도 흐트러진 모습을 보이신 적 없고, 딱 10시가 되면 '일어나자'며 자리에서 일어서시는 점잖은 분이에요.

와인은 향이 강하고 맛이 진한 안주류와는 어울리지 않아요. 와인의 향을 해치기 때문이지요. 치즈나 과일, 견과류만 보기 좋게 준비해도 된답니다. 보통 여러 병의 와인을 마실 때는 스파클링 와인, 화이트 와인, 레드 와인 순으로 즐기면 더 좋은데, 그 이유는 약한 맛부터 진한 맛 순으로 마시기 때문이래요. 샴페인으로 알려져 있는 스파클링 와인은 맛이 섬세해서 안주를 같이 내지 않는 것이 보통이지만 딸기 정도는 괜찮아요. 또 화이트 와인에는 채소스틱과 딥 소스가 어울리지요. 같은 이유 때문에 향이 진한 셀러리나 오이는 적당하지 않아요. 집에 늘 있는 사과를 얇게 썰어 치즈와 번갈아 놓는 것만으로도 훌륭한 안주가 돼요. 레드 와인은 고기류와 같이 묵직한 맛이나 구운 치즈와 같은 진한 맛의 안주도 잘 어울립니다.

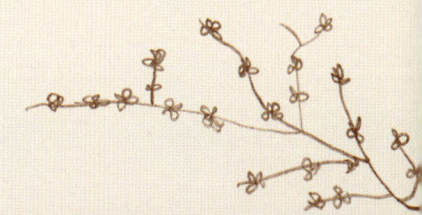

Woo's Kitchen

가볍게 차리는 다과 초대 요리

개구쟁이 입맛 아이들 초대 요리: 간장 소스 닭봉강정 + 토마토드레싱 미트볼샐러드 + 데리야키 소스 주먹밥

부담없이 준비하는 종교 모임 요리: 모둠버섯수프 + 스테이크 또띠아롤 + 쑥가래떡구이와 컵과일

아이들 요리는 식어도 맛있는 음식으로 메뉴를 구성해야 해요. 접시에 담아 먹는것 보다는 꼬치나 컵을 이용해 들고 먹을 수 있는 메뉴가 적당합니다. 예쁜 사기그릇을 내놓았다가는 자칫 깨질 위험이 있으니 플라스틱이나 예쁜 일회용 그릇을 쓰는 것도 좋습니다.
또 종교 모임은 먹는 것이 주된 목적이 아니므로 가급적 짧은 시간 내에 간단하게 먹을 수 있도록 국물 없는 음식이 좋겠지요. 식사가 부담이 될 경우 2가지 정도의 과일을 개인 컵에 담아 주거나 구운 가래떡과 배청을 함께 내놓거나 찐 고구마와 미숫가루를 내기도 하지요.

간장 소스 닭봉강정

집에서 튀김요리 한 번 하려면 정말 큰 맘 먹고 하셔야 되죠? 기름도 많이 필요하고, 이래저래 손도 많이 가고, 게다가 튀기고 나서 기름 처리도 곤란하고…. 제가 쉬운 방법 하나 알려드릴게요. 두꺼운 스테인리스 냄비만 있으면 돼요. 제 친정어머니는 어릴 적 제 친구들이 놀러왔을 때 이 방법으로 닭봉강정을 해주셨어요. 어머니의 맛깔난 솜씨 덕에 친구들이 저희 집 놀러오는 걸 무척 좋아했던 기억이 나네요.

이렇게 만들어 보세요

1. 깨끗이 씻어 핏물을 제거한 닭봉의 뼈 아래쪽에 가위로 둥글게 칼집을 넣는다. 뼈를 중심으로 칼집 난 살을 위로 밀어 동그란 모양을 만들고 밑간에 20분간 재운다.
2. 비닐봉지에 분량의 튀김옷 재료와 물기를 제거한 닭봉을 넣고 입구를 막아 흔들어 준다. 튀김옷이 골고루 입혀진 닭봉을 꺼내 10분간 두어 가루가 잘 스며들도록 한다.
3. 스테인리스 냄비에 올리브오일을 붓고 튀김옷을 묻힌 닭봉을 넣은 후 뚜껑을 덮고 중불에서 끓인다. 끓기 시작하면 닭봉을 한 번 뒤집어준다. 노릇해지면 뒤집어가며 골고루 익힌다(15분 내외).
4. 마늘은 편 썰고, 생강은 채 썬다. 건고추는 가위로 얇게 자른다.
5. 소스팬에 카놀라오일을 넣고 달군 후 마늘과 생강, 건고추를 넣어 향이 나도록 볶다가 약불로 줄여 청주를 붓는다. 마늘, 생강, 건고추를 건지고 소스 재료를 모두 넣은 후 끓으면 튀긴 닭봉을 넣고 골고루 버무린다.

재료(4인분)

닭봉	15개
올리브오일	½컵

밑간

양파즙	1큰술
소금	약간
후춧가루	약간

튀김옷

녹말가루	6큰술
밀가루	2큰술

간장 소스

카놀라오일	3큰술
마늘	1쪽
생강	½톨
건고추	½개
청주	1큰술
간장	3큰술
올리고당	1큰술
식초	2큰술
설탕	2큰술
꿀	1큰술

아이들 초대 요리

토마토 드레싱의 미트볼 샐러드

무거운 느낌의 토마토 소스에서 벗어난 산뜻한 토마토 드레싱을 소개해 드릴게요. 간장으로 조려 짭조름한 미트볼과의 조화가 꽤 좋더라고요. 미트볼은 한 번 만드실 때 넉넉히 만들어서 냉동실에 보관하시면 다양하게 응용이 가능해요. 파스타에 넣어도 되고, 꼬치에 2~3개씩 끼워 색다른 스타일의 요리로 만들 수도 있어요.

재료(4인분)

미트볼(20개 분량)
- 다진 쇠고기 ········· 300g
- 다진 양파 ············ 2큰술
- 다진 마늘 ············ 1큰술
- 달걀 ······················ 1/2개
- 빵가루 ····················· 1컵
- 파마산 치즈 ········· 2큰술
- 우스터 소스 ········· 1큰술
- 파슬리 ··················· 2큰술
- 생크림 ··················· 2큰술
- 소금 ························ 약간
- 후춧가루 ················ 약간
- 밀가루 ··················· 약간

- 샐러드 채소 ········· 약간
- 카망베르 치즈 ······ 1/2통
- 자몽 ························ 1/2개

조림장
- 간장 ················· 1과 1/2큰술
- 설탕 ······················ 2큰술
- 식초 ······················ 1큰술
- 발사믹 식초 ········ 1큰술
- 꿀 ························· 1작은술

토마토 드레싱
- 토마토 ························ 1개
- 간장 ······················ 2큰술
- 설탕 ······················ 1큰술
- 식초 ······················ 2큰술
- 레몬즙 ··················· 1큰술
- 홀 그레인 머스터드 ···· 1큰술
- 다진 양파 ············ 3큰술
- 올리브오일 ········· 5큰술
- 후춧가루 ················ 약간

이렇게 만들어 보세요

1. 토마토는 바닥에 열십자(+)로 칼집을 넣은 후 끓는 물에서 10초간 데친다. 데친 토마토는 흐르는 찬물에서 껍질을 벗기고 씨를 제거한 뒤 곱게 다진다.
2. ①과 분량의 토마토 드레싱 재료를 모두 섞어 냉장고에서 차게 보관한다.
3. 버터(분량 외) 두른 팬에 다진 양파와 다진 마늘은 넣고 투명해질 때까지 볶은 후 접시에 펼쳐 한 김 식힌다.
4. 밀가루를 제외한 미트볼 재료와 ④의 재료를 볼에 넣고 10분 이상 치대어 지름 3㎝의 미트볼을 만든 다음 밀가루에 살짝 굴린다(냉동하여 보관할 경우 이 단계에서 냉동한다).
5. 기름 두른 팬에 미트볼을 넣고 팬을 흔들어가며 겉면을 노릇하게 익힌 후 200℃로 예열된 오븐에서 10분간 굽는다.
6. 팬에 분량의 조림장 재료를 넣고 끓이다가 익힌 미트볼을 넣어 굴려가며 조린다.
7. 샐러드 채소는 씻어 물기를 제거한 뒤 한입 크기로 찢는다.
8. 치즈는 특유의 모양을 살려 미트볼 크기로 얄팍하게 썬다.
9. 자몽은 과육만 도려낸다.
10. 접시에 샐러드 채소, 조린 미트볼과 자몽, 치즈를 담고 토마토 드레싱을 끼얹는다.

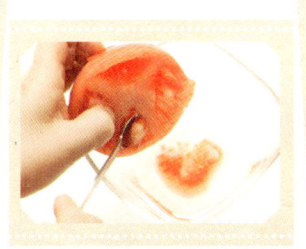

아이들 초대 요리

데리야키 소스 주먹밥과 키위 레몬주스

'이자카야'라는 유명한 일식집에서 맛보고 만들어본 메뉴예요. 데리야키 소스를 듬뿍 발라 구운 달콤한 주먹밥이지요. 팬에 구웠기 때문에 겉면은 누룽지처럼 바삭하고, 속은 부드러운 주먹밥이라 아이들이 참 좋아한답니다. 주먹밥이 구울 때 깨지지 않게 하려면 처음부터 단단하게 만드는 것이 좋아요. 식어도 맛있고 서로 달라붙지 않아요. 당연히 도시락으로도 으뜸이죠!

재료(4인분)

데리야키 소스 주먹밥
쌀(불리기 전) ········· 2컵
찹쌀(불리기 전) ······· 1컵
데리야키 소스(p.17) ··· $\frac{1}{2}$컵

주먹밥 소
다진 쇠고기 ·········· 200g
간장 ················· 2큰술
맛술 ················· 1큰술
설탕 ················· 1큰술
카레가루 ············ 1작은술
다진 마늘 ············ 1작은술
참기름 ··············· 약간
통깨 ················· 약간

고명
단무지 채 ············ 약간
오이 채 ·············· 약간
검은깨 ··············· 약간

키위 레몬주스
파인애플주스 ········ 120㎖
키위 ················· 1$\frac{1}{2}$개
플레인요구르트 ········ 1컵
얼음 ················· $\frac{1}{2}$컵
레몬주스가루 ········· 60g
차가운 물 ············· 2컵

이렇게 만들어 보세요

데리야키 소스 주먹밥
1. 찹쌀과 쌀을 찬물에 30분간 불린 후 체에 밭쳐 물기를 제거한다.
2. 물 2$\frac{1}{3}$컵과 불려놓은 찹쌀, 쌀로 밥을 지은 후 한 김 날리며 소금, 참기름(분량 외)으로 간한다(찹쌀과 쌀의 상태에 따라 물의 양은 조절한다).
3. 분량의 주먹밥 소의 재료를 팬에 넣고 중불에서 국물이 없도록 바짝 볶는다.
4. 주먹밥 틀에 랩을 씌우고 한 김 식힌 찰밥과 소를 넣어 주먹밥을 만든다.
5. 달군 팬에 기름을 살짝 발라 코팅한 후 밥을 구우며 솔을 이용하여 데리야키 소스를 골고루 바른다.
6. 구운 주먹밥 위에 고명을 얹는다.

키위 레몬주스
1. 파인애플주스, 키위, 플레인요구르트, 얼음을 믹서 곱게 간다.
2. 차가운 물에 레몬주스가루를 넣고 가루가 녹을 때까지 섞는다.
3. ①과 ②를 섞는다.

모둠버섯수프

아침마다 수프를 꼭 드시는 시아버지 덕분에 수프 박사가 되었어요. 제가 만든 수십 가지 수프 중에서 가장 쉽고도 맛있는 모둠버섯수프지요. 제가 지금 알려드리는 버섯 말고도 집에 남아도는 버섯들 중 어느 것이라도 응용이 가능하답니다. 수프만 먹어도 맛있지만 담백한 빵과 곁들이거나 샐러드와 함께 먹어도 좋아요.

재료(4인분)

양송이버섯	100g
느타리버섯	100g
표고버섯	100g
양파	1개
버터	1큰술
올리브오일	1큰술
화이트 루(p.15)	2큰술
채소육수(p.13)	2컵
고형 치킨스톡	$\frac{1}{2}$개
우유	$\frac{1}{2}$컵
생크림	1컵

이렇게 만들어 보세요

1. 채소육수를 끓인다.
2. 양송이버섯은 기둥을 제거하고, 표고버섯은 반으로 썬다. 느타리버섯은 한입 크기로 찢는다.
3. 양파는 곱게 채 썬다.
4. 냄비에 버터와 올리브오일을 두르고 양파와 양송이버섯 기둥을 넣어 10분간 볶다가 나머지 버섯들을 넣어 숨이 죽을 정도로 볶는다.
5. 화이트 루와 채소육수, 고형 치킨스톡을 넣고 저어가며 중불에서 20분간 끓인다.
6. 끓인 재료를 믹서에 넣고 버섯이 씹힐 정도로 90% 간다.
7. ⑥을 다시 냄비에 붓고 분량의 우유와 함께 끓인다. 끓기 직전 생크림을 넣어 살짝 데우고 마지막으로 소금, 후춧가루(분량 외)로 간한다.

* * * **고형 치킨스톡** 직접 육수를 만드는 것이 가장 좋지만, 시간에 쫓기거나 상황이 되지 않을 때는 가끔 고형스톡을 이용해요. 대개 요리의 종류에 따라 물의 분량이 조절되지만, 뜨거운 물 6컵과 고형 스톡 하나를 섞었을 때가 가장 간이 맞습니다. 치킨 맛뿐만 아니라 채소, 쇠고기 등 다양한 맛이 있습니다. 백화점의 식재료코너에서 구하실 수 있어요.

스테이크 또띠아롤

상큼한 토마토 소스와 개운한 사워크림이 가득 들어간 스테이크 또띠아롤입니다. 빵과는 달리 수분의 흡수가 적은 또띠아라서 시간이 지나도 부드러운 맛이 그대로예요. 저녁에 미리 만들어 두면 아침에 간단하고 든든하게 식사가 되고 나들이나 여행갈 때도 요긴하죠.
스테이크가 아니더라도 구하기 쉬운 햄이나 치즈, 샐러드를 넣으면 정말 맛있답니다.

재료(4인분)
또띠아(지름 10cm) ········ 2장
쇠고기 채끝등심 ······ 200g
양파 ························ 2개
노란색 파프리카 ········ ½개
주황색 파프리카 ········ ½개
붉은색 파프리카 ········ ½개
양상추 ······················ 4장
체더 치즈 ·················· 2장
토마토 소스(통조림) ···· ½컵
사워크림 ················ 4큰술

쇠고기 밑간
간장 ······················ 1큰술
홀 그레인 머스터드 ·· 1작은술
설탕 ···················· 1작은술
후춧가루 ················· 약간

양파 소스
발사믹 식초 ············ 1큰술
설탕 ······················ 1큰술
간장 ···················· 1작은술

이렇게 만들어 보세요

1. 쇠고기는 분량의 밑간에 20분간 재운 뒤 그릴 팬에 굽고 1cm 두께로 썬다.
2. 양파는 곱게 채 썰어 분량의 양파 소스와 함께 팬에서 국물이 없어질 때까지 볶는다.
3. 파프리카는 씨를 제거한 후 0.5cm 두께로 채 썰고, 양상추도 0.5cm 두께로 채 썬다.
4. 체더 치즈는 길이로 4등분한다.
5. 또띠아는 마른 팬에 올려 약불에서 앞뒤로 살짝만 데운다.
6. 데운 또띠아 위에 토마토 소스를 바르고 양상추, 쇠고기, 양파, 파프리카, 사워크림, 체더 치즈 순으로 올려 단단하게 만다. 동일한 방법으로 한 개 더 준비한다.
7. 5cm 두께로 썰고 세워 담는다.

*** 또띠아 굵게 빻은 옥수수가루와 달걀, 우유를 섞어 만든 또띠아는 멕시코인들의 주식이에요. 지역에 따라 밀가루로 만들기도 하는데요. 쫄깃하고 담백한 맛 덕분에 다양한 요리에 이용되죠. 먹다 남은 것은 냉동보관했다가 요리하기 직전에 꺼내면 얇아서 금방 해동이 된답니다.

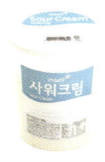
*** 사워크림 생크림을 발효시켜 새콤한 맛이 나는 발효유입니다. 특유의 신맛과 함께 부드러운 맛도 있어 다양한 요리에 이용되죠. 단점이 있다면 유통기한이 짧고 대용량으로만 판다는 것이에요. 플레인요구르트 1컵, 식초 4큰술, 레몬즙 6큰술을 섞어 홈메이드 사워크림을 만들어보세요.

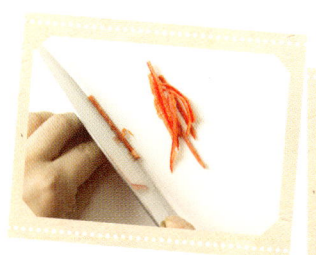   

종교 모임 요리

쑥가래떡 구이와 한입 컵과일

청담동에 위치한 '에피소드2'라는 한정식 집의 식전 메뉴로 나오는 한입 컵과일과 쑥가래떡 구이예요. 본격적인 모임 전후에 간단하게 먹을 수 있는 음식이에요. 전통 찻잔에 1인용씩 따로 담아 대접했더니 폼 나는 요리가 되었어요. 먹기도 편하고 보기도 좋은 담음새를 응용해 보세요.

재료(4인분)
쑥가래떡 구이
쑥가래떡(5cm) ············ 8개
쌀가래떡(5cm) ············ 8개
메이플 시럽 ··············· 약간
다진 땅콩 ··················· 약간

한입 컵과일
딸기 ························· 8개
키위 ························· 2개
파인애플 ···················· $\frac{1}{2}$개
오렌지 ······················ 1개

이렇게 만들어 보세요

쑥가래떡 구이
1. 끓는 물에 가래떡을 넣어 말랑하게 데치고 체에 받쳐 물기를 제거한다.
2. 달군 그릴 팬에 기름을 두르고 키친타월로 살짝 닦아낸 후 데친 가래떡을 바삭하게 굽는다.
3. 메이플 시럽, 다진 땅콩을 함께 곁들여 낸다.

한입 컵과일
1. 딸기는 꼭지를 잘라내고 길이로 2등분한다.
2. 키위는 껍질을 제거하고 길이로 4등분한다.
3. 파인애플 역시 한입 크기로 썬다.
4. 오렌지는 4등분하고 껍질에서 살을 도려낸다.
5. 1인용 컵에 골고루 담는다.

부모님을 위한 담음 요리

선물을 위한 담음 요리

병문안을 위한 담음 요리

마음과 마음을 잇는
담음 요리

Woo's Kitchen

부모님을 위한 담음 요리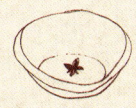

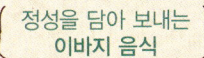
{ 정성을 담아 보내는 }
이바지 음식

떡갈비 + 매실 소스 해물 냉채

전복초 + 더덕장아찌와 황태보푸라기

콩설기

{ 사랑을 가득 담은 }
예비시댁 선물 요리

약식 + 곶감호두말이

율란 + 머랭피칸

예비 시부모님께 드릴 선물은 여간 마음이 쓰이는 게 아니죠. 정성을 다해 준비한 선물이 필요하지 않을 수도 있고 취향에 맞지 않을 수도 있으니까요. 이럴 땐 직접 만든 쿠키나 케이크, 떡을 예쁘게 포장해가는 것도 좋아요. 좀 더 특별한 선물을 원한다면 생강청이나 배청도 괜찮지요. 머랭을 입혀 구운 피칸이나 호두튀김 같은 간식류도 좋은 선물이 된답니다. 큰 선물보다는 이렇게 소소하지만 정성들인 선물이 어른들에게는 센스있고 사랑스러운 며느리로 여겨지니까요.

떡갈비

전라남도 담양에 있는 가까운 지인을 방문했던 적이 있어요. 맛있는 음식을 대접해 주신다기에 '죽순을 대접해 주시겠구나' 라고 생각했지요. 그전까지 저는 죽순이 담양의 대표음식이라고 알고 있었으니까요. 하지만 막상 방문한 곳은 연기가 자욱한 떡갈비 정식집이였어요. 걱정반 기대반으로 떡갈비를 먹어본 순간, 입안에서 살살 녹는 맛에 정말 감탄했지요.

넉넉히 만들어 냉동해 놓으면 언제라도 상에 올릴 수 있어 이바지 음식으로 그만이에요. 드실 때는 해동하지 말고 달군 팬에 바로 올려 노릇하게 구우시면 된답니다.

재료(4인분)
쇠고기 갈빗살 … 200g
쇠고기 채끝살 … 200g
호두 …………… 4개

소스
간장 …………… 1큰술
올리고당 ………… 1큰술
후춧가루 ………… 약간

양념장
양파즙 …………… 2큰술
배즙 ……………… 2큰술
맛간장(p.17) …… 3큰술
설탕 …………… 1작은술
참기름 ………… $\frac{1}{2}$큰술
꿀 ……………… 1작은술
올리고당 ……… 1작은술
다진 파 ………… $1\frac{1}{2}$큰술
다진 마늘 …… 1작은술
다진 밤 ………… 2큰술
다진 잣 ………… 2큰술
다진 대추 ……… 2큰술
찹쌀가루 ……… $1\frac{1}{2}$큰술
소금 ……………… 약간
후춧가루 ………… 약간

이렇게 만들어 보세요

1. 쇠고기 갈빗살과 채끝살을 한입 크기로 썰어 커터에 조금씩 넣으면 잣알 크기가 될 때까지 간다.
2. 볼에 간 쇠고기와 분량의 양념장을 모두 섞은 후 10분 이상 치댄다.
3. 충분히 치댄 반죽을 100g 내외로 4등분하여 두께 1cm의 모서리가 둥근 직사각형으로 만들고 윗면에 호두를 한 알씩을 박는다(냉동 보관하고 싶을 때는 이 단계에서 냉동한다).
4. 분량의 소스 재료를 모두 섞는다.
5. 기름 두른 그릴 팬에 떡갈비를 올리고 중불에서 타지 않도록 익히며 붓을 이용하여 소스를 앞뒤로 골고루 바른다.

매실 소스 해물냉채

매실에는 몸에 좋은 자연 성분이 많이 함유되어 있지만 막상 한식 요리에 응용하기는 쉽지 않지요. 이 매실 소스 해물냉채는 매실청을 넣어 만든 요리인데요, 냉채는 먹기 직전에 소스에 버무려야 더 시원하고 산뜻한 느낌을 줄 수 있어요. 안 그러면 물이 배어 나와서 맛이 없어진답니다. 이바지로 준비해갈 때는 소스를 작은 통에 따로 담아가는 센스를 발휘해 보세요.

재료(4인분)

새우(중하)	10마리
오징어(몸통)	1마리
문어	100g
관자	2개
크래미	3줄
적양파	1/4개
배	1/3개
영양부추	100g
오이	1/2개

매실 소스

매실청	4큰술
화이트와인식초	4큰술
레몬즙	2큰술
다진 마늘	2큰술
다진 양파	2큰술
다진 케이퍼	1큰술
설탕	2큰술
소금	1큰술

*** **케이퍼** 지중해에서 나는 향신료입니다. 식물의 꽃봉오리로 크기는 완두콩과 비슷하답니다. 쉽게 구할 수 있는 병절임 케이퍼는 식초에 절인 것이에요. 그렇기 때문에 특유의 향이 많이 없어진 상태입니다. 케이퍼는 비린내를 잡아주어 생선요리에 많이 쓰이는데 훈제연어를 먹을 때 케이퍼를 곁들여 먹는 것도 이런 이유 때문이랍니다.

이렇게 만들어 보세요

1. 분량의 매실 소스 재료를 모두 섞어 냉장고에서 30분 이상 숙성시킨다.
2. 오징어와 문어는 밀가루(분량 외)를 뿌려 거품이 나도록 문질러 씻어 헹군다. 오징어는 1cm 두께의 링 모양으로 썬다.
3. 겉면의 막을 제거한 관자는 0.3cm 두께로 얇게 편 썬다.
4. 냄비에 물과 레몬 한 조각을 넣고 끓으면 오징어, 관자, 문어, 새우를 넣고 뚜껑을 닫는다. 다시 끓으면 바로 불을 끄고 5분간 둔 후 해산물을 건져 얼음물에 헹군다.
5. 데친 새우는 머리, 꼬리를 제거하고 몸통 껍질을 벗긴 후 등에 칼을 넣어 2등분 한다. 문어는 1cm 두께로 편 썬다.
6. 크래미는 곱게 찢고 영양부추는 3~4cm 길이로 썬다.
7. 적양파는 곱게 채 썰어 찬물에 담근 후 물기를 제거하고, 껍질을 제거한 배는 얇게 나박썰기한다.
8. 오이는 길이로 반을 갈라 숟가락으로 긁어 씨를 제거하고 0.3cm 두께의 반달모양으로 얇게 썬다.
9. 준비된 재료를 모두 섞은 뒤 매실 소스를 조금씩 부어가며 골고루 버무린다.

전복초

가까운 지인들에게 부탁받는 이바지 음식을 준비할 때면 늘 가슴이 떨립니다. 갓 시집간 새색시의 마음도 떠올려보고, 시어르신들이 이바지 음식을 받고 혹여 부족하다고 여기시면 어쩌나 하는 마음에 걱정스럽기도 하죠. 그래서 저는 손이 많이 가고 비용도 만만치 않게 들지만 이바지 음식에 꼭 전복초를 준비한답니다. 한 접시 가득한 정성을 표현하기 충분한 요리지요.

재료(4인분)
전복 ·················· 4마리
화이트와인 ············ 1큰술

조림장
간장 ················· $2\frac{1}{2}$큰술
설탕 ················· 2큰술
매실청 ··············· 1작은술
다진 마늘 ············ $\frac{1}{2}$작은술
참기름 ··············· $\frac{1}{3}$작은술
꿀 ··················· 1작은술
후춧가루 ············· 약간

고명
다진 잣 ·············· 2큰술
다진 대추 ············ 2큰술
다진 은행 ············ 2큰술

이렇게 만들어 보세요

1. 전복의 껍데기와 살 사이에 숟가락을 넣어 살을 분리한 뒤 내장을 잘라낸다. 껍데기도 씻어둔다.
2. 전복의 윗면에 #모양으로 칼집을 깊게 넣는다.
3. 냄비에 물과 전복, 화이트와인을 넣고 끓으면 바로 전복을 건진다.
4. 팬에 분량의 조림장 재료를 모두 넣고 끓으면 익힌 전복을 넣어 조림장을 끼얹으며 윤기나게 조린다.
5. 조린 전복은 칼을 뉘어 1cm 두께로 두툼하게 썰어 모양 그대로 껍데기에 담고 남은 조림장을 끼얹는다. 그 위에 다진 잣, 대추, 은행을 뿌려 장식한다.

더덕 장아찌와 황태 보푸라기

봄이면 친정어머니가 해주신 더덕 장아찌가 생각납니다. 온 집안에 더덕 향이 가득 퍼져나갔죠. 어머니는 '더덕 장아찌는 더덕에 양념이 골고루 잘 스며들도록 해야 제맛이 난다'라고 늘 말씀하셨어요. 더덕을 방망이로 자근자근 두드려 최대한 얇게 펴고 그늘에서 반나절 말린 뒤 양념장에 골고루 버무립니다. 버무린 더덕을 먹기 직전 참기름과 꿀을 넣어 한 번 더 버무리면 더욱 맛있답니다.

재료(4인분)

더덕 장아찌
- 더덕 400g
- 나라스케 50g
- 마늘 장아찌 1컵

양념장
- 고추장 1컵
- 고춧가루 1½큰술
- 설탕 1½큰술
- 진간장 1큰술
- 올리고당 3큰술
- 매실청 1큰술
- 소금 1작은술

황태 보푸라기
- 황태채(뼈없는 것) 100g

양념장
- 맛간장(p.17) 2큰술
- 카놀라오일 2큰술
- 설탕 3큰술
- 참기름 2큰술
- 통깨 약간

*** 나라스케 참외과의 일종인 울외를 술을 거르고 남은 찌꺼기와 함께 3개월 이상 자연 숙성 시킨 장아찌류예요. 감칠 맛과 단 맛, 짠 맛의 조화로 입맛 없는 여름철 밑반찬이나 도시락 반찬으로 좋아요. 가격 또한 저렴하지요. 절임 반찬이므로 부패될 염려가 없고 장기간(2년간) 저장해둘수록 맛이 더 좋아집니다.

이렇게 만들어 보세요

더덕 장아찌

1. 더덕은 윗둥을 잘라내고 칼을 이용하여 살살 돌려가며 껍질을 벗긴다. 깨끗이 씻은 후 방망이로 두드려 얄팍하게 만들고 채반에 올려 그늘에서 반나절 말린다.
2. 나라스케는 얇게 썰고, 마늘 장아찌는 마늘만 건진다.
3. 분량의 양념장 재료를 모두 섞는다.
4. 나라스케, 마늘 그리고 더덕과 양념장을 잘 버무린 후 통에 꼭꼭 눌러 담는다.
5. 실온에서 하루 숙성시키고 냉장고에서 3~4일 더 숙성시킨다.
6. 먹을 때는 더덕을 곱게 찢어 약간의 꿀과 통깨, 참기름(분량 외)을 넣어 버무려 먹는다.

황태 보푸라기

1. 황태채는 2cm 크기로 잘라 커터기에 조금씩 넣어가며 곱게 간다.
2. 분량의 양념장 재료를 모두 섞는다.
3. 곱게 간 황태에 양념을 조금씩 부으며 뭉치지 않게 보슬하게 버무리고 마지막에 통깨를 넣어 한 번 더 보슬한 상태로 만든다.

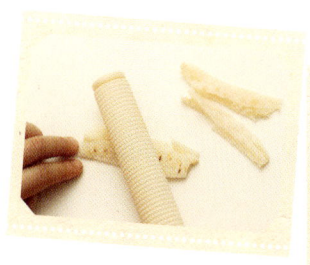

이바지 음식

콩설기

가끔 집에 남는 오래된 쌀을 빻아서 쌀가루로 만들어 드신다는 분들이 계시던데, 쌀가루는 이왕이면 좋은 쌀로 만들어주세요. 밥도 쌀이 맛있어야 맛있듯이, 떡도 쌀가루가 좋아야 맛있는 떡을 만들 수 있답니다. 떡집에서 만드는 것보다는 못생겼지만, 투박한 맛이 정겨운 콩설기에요. 그 달콤한 끝 맛이 저를 또 설레게 하네요.

재료(4인분)

쌀가루	4컵
흑설탕	2큰술
꿀	2큰술
간장	$\frac{1}{2}$큰술
물	2큰술
밤	1개
대추	4개
곶감	$\frac{1}{2}$개
검은콩(불리기 전)	30g
팥(불리기 전)	20g

이렇게 만들어 보세요

1. 쌀가루에 흑설탕과 꿀, 간장, 물을 섞고 손바닥으로 고루 비벼가며 체에 내린다. 쌀가루의 상태에 따라 물의 양을 조절한다.
2. 껍질 벗긴 밤은 편 썰고, 대추는 돌려깎기하여 채 썬다.
3. 검은콩과 팥은 찬물에 30분간 불리고 곶감은 한입 크기로 썬다.
4. 찜통에 김이 오르면 면 보자기를 바닥에 깔고 지름 18~21㎝의 링 틀을 올린 뒤 분량의 쌀가루를 흩뿌리며 살살 담고 그 위에 밤, 대추, 검은콩, 팥을 올려 장식한다.
5. 김이 오른 찜통에서 15~20분간 찐다.

예비시댁 선물 요리

약식

요즘은 밥솥만 있으면 누구든 약식을 뚝딱 만들더라고요. 그래서인지 저마다의 비법이 있는 것 같아요. 저도 저만의 방법이 있는데 바로 대추 끓인 물을 사용한다는 거예요. 은은한 단 맛과 대추의 향, 그리고 색이 더욱 짙게 나는 약식이 탄생되죠. 덕분에 설탕의 양도 확 줄어들게 되어 건강한 약식을 만들 수 있었어요. 한번은 헤어 디자이너이자 최고의 식도락가인 그레이스 리 선생님께 약식을 선물한 적이 있었죠. "선제(남편이름)가 정말 장가 잘 갔구나. 너무 달지도 싱겁지도 않고 맛있네"라며 칭찬해 주셔서 흐뭇했답니다.

재료(4인분)
- 찹쌀(불리기 전) ········ 3컵
- 대추 ···················· 7개
- 밤 ····················· 15개
- 잣 ····················· ½컵
- 참기름 ················· 2큰술

대추씨 끓인 물
- 대추씨 ················· 7알
- 물 ····················· 3컵

양념장
- 대추씨 끓인 물 ········ 2컵
- 간장 ··················· 1½큰술
- 흑설탕 ················· 1¼컵
- 계핏가루 ··············· ½작은술
- 카놀라오일 ············· 1작은술
- 참기름 ················· 1작은술
- 소금 ··················· 약간

이렇게 만들어 보세요

1. 찹쌀은 찬물에 반나절 이상 불린 후 체에 밭쳐 물기를 제거한다.
2. 대추는 돌려깎기하여 씨를 분리하고 대추살은 길이로 2등분한다.
3. 밤은 껍데기를 제거하고 가장자리를 둥글게 정리하여 모양을 다듬는다.
4. 대추씨와 물을 냄비에 넣고 30분간 약불에서 끓인 후 나머지 양념장과 섞는다.
5. 압력솥에 불린 찹쌀과 양념장, 대추, 밤을 넣고 골고루 섞은 후 밥을 짓는다.
6. 뜸들이기 직전에 잣과 참기름을 넣어 잘 섞는다.

곶감호두말이

늘 좋은 말씀을 해주시고 가까이서 보살펴주시는 이웃 어른께 감사하는 마음을 담아 곶감호두말이를 선물로 드린 적이 있어요. 어쩜 이리 고운 것을 만드셨냐며 진심으로 행복해하시는 그 분의 모습에 선물을 하는 제 마음도 즐거웠던 기억이 나네요.

곶감이 선물로 들어오거나 말랑말랑한 곶감을 구하셨다면 미리 넉넉히 만들어 냉동실에 넣어두세요. 랩으로 돌돌 말아 자르기 전의 상태로 냉동실에 넣어두었다가 드시기 전에 실온에서 해동하면 돼요.

재료(4인분)
- 곶감 ·············· 10개
- 호두 ·············· 2컵

이렇게 만들어 보세요

1. 곶감은 겉에 묻은 흰 분과 꼭지를 제거하고 길이로 반을 갈라 씨를 뺀다.
2. 김발 위에 랩을 깔고 최대한 넓은 모양으로 곶감을 펼쳐 연결해서 깐다.
3. 호두의 바닥끼리 맞붙도록 하여 곶감 위에 길게 얹고 김밥 말듯이 끝에서부터 힘주어 돌돌 만다. 동일한 방법으로 한 개 더 준비한다.
4. 랩으로 감싼 곶감은 냉동실에서 얼린다.
5. 먹기 직전 실온에서 해동하여 1.5cm 두께로 썬다.

 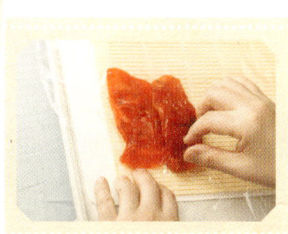 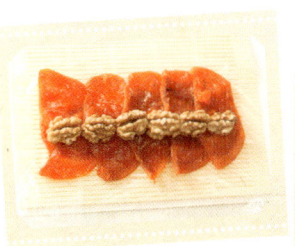 

율란

율란을 만들 때면 항상 후회를 해요. 내가 왜 또 이 번거로운 작업을 다시 하나 싶은 생각이 들거든요. 얼마나 힘이 드는지…. 밤을 삶아 껍질을 벗기고, 체에 내리고, 거기에 꿀을 넣어 예쁜 모양도 만들어야 하죠. 꼬박 반나절이 걸리는 작업이에요. 그래도 율란 선물을 받아들고 맛나게 한입 깨물어 먹는 분들의 즐거움을 생각하면 저도 모르게 입가에 미소가 번진답니다.

재료(4인분)
- 밤 ··············· 10개
- 계핏가루 ········ 2작은술
- 꿀 ················ 2큰술
- 다진 잣 ········· 5큰술

이렇게 만들어 보세요

1. 밤과 물을 냄비에 넣고 푹 삶는다.
2. 삶은 밤의 껍데기를 벗기고 알맹이는 체에 내려 덩어리가 없도록 고운 가루로 만든다.
3. 분량의 계핏가루를 ②에 섞고 꿀을 넣어 한 덩어리를 만든다.
4. 랩을 5×5cm 크기로 넉넉히 자른다.
5. 한 덩어리가 된 반죽을 조금씩 떼서 잘라놓은 랩 가운데 얹어 감싸며 밤 모양으로 만들고 랩을 벗긴 후 바닥에 다진 잣을 묻힌다.
6. 대추(분량 외)를 곱게 채 썰어 장식한다.

머랭피칸

머랭피칸은 젊은 사람들이 좋아할 것 같지만 사실은 나이드신 분들이 더 좋아하세요. 바삭하고 고소하지만 딱딱하지 않아 계속 손이 가는 다과예요. 견과류가 두뇌 회전을 빠르게 해준다고 해서 요즘은 공부하는 친구들에게도 자주 선물한답니다.

재료(4인분)

피칸	4컵
달걀 흰자	2개
설탕	⅔컵
소금	약간
계핏가루	1작은술
녹인 버터	50g

이렇게 만들어 보세요

1. 달걀 흰자에 설탕을 넣고 핸드믹서를 이용해 단단해진 때까지 믹싱해 머랭을 만든다(뿔이 단단히 세워지는 정도까지).
2. 설탕과 소금, 계핏가루, 피칸을 ①에 넣고 머랭이 꺼지지 않도록 고무 주걱을 이용해 살살 섞는다.
3. 유산지를 깐 오븐 팬에 녹인 버터를 바르고 ②를 부어 넓게 펼친다.
4. 160℃ 예열 된 오븐에서 10분간 굽고 피칸을 하나씩 뒤집은 다음 다시 10분간 구운 후 한 번 더 뒤집고 마지막으로 10분간 더 굽는다.
5. 팬에서 꺼낸 피칸을 식힘망에 올려 충분히 식히고 바삭한 맛을 살린다.

맛있는 이야기 * 셋

이바지 음식

이바지는 원래 혼례를 치른 후에 친정집에서 시댁으로 갈 때 친정어머니가 시댁에 보내는 음식을 말해요. 이바지 풍습은 지방이나 집안에 따라 다르지만 요즘은 혼례 전날 또는 당일에 주고받지요. 많이 간소해졌다고는 하지만 아직도 보여지는 데 치중하는 면이 있어서 겉치레가 과하고 맛도 없을 뿐더러 실용적이지 않고 비용도 많이 드는 것 같아요.

그러나 이바지 음식의 진짜 의미는 결혼식 전후 한꺼번에 많은 손님을 치룰 때 나누어 드시라고 조촐하게 준비해 드리는 것이랍니다. 귀한 음식으로 보내려고 고가의 해물류를 많이 쓰는데 한참 후에 먹게 되는 음식이라 상할 수도 있으니 주의해야 해요.

이바지 음식이야말로 시댁에 처음 드리는 선물이기도 하고 신부 집의 솜씨도 엿보이는 선물이기에 포장과 메뉴선택이 중요합니다. 저는 주로 떡갈비, 전복초, 모듬전 3가지, 그날 먹을 요리(생선구이, 샐러드, 냉채류 등), 밑반찬 4~5가지, 떡, 약식, 육포, 곶감말이 등을 만들고요. 술에 어울리는 견과류나 치즈샌드 같은 안주류도 준비하죠. 전문 업체에 맡길 수도 있겠지만 과대 포장과 비용 낭비를 막기 위해서 자신이 잘하는 음식을 만들어 보내는 것도 좋을 것 같아요.

예비 시댁 인사

저는 3개월 만에 초스피드로 결혼했어요. 만난 지 너댓 번 만인가 어느 날 갑자기 남편이 "우리 집에 오래. 아버지가" 그러는 겁니다. 낭만적인 프로포즈도 없이 말예요.
그래서 처음 가게 된 시댁은 서초동이었는데 가는 길이 어쩌나 멀게 느껴지던지요. 친정 어머니가 준비해 주신 꽃과 약과를 들고 시댁에 들어갔는데 저를 보러온 다른 가족들이 와글와글 모여 있어서 그랬는지 아무것도 보이지 않더라고요. 아버님은 흘낏 저를 보시고 방으로 들어가 버리셨어요. 그래서 많이 당황했는데 나중에 시집 와 알고보니 워낙 점잖으시고 말씀이 없으신 성격이라 그러셨던 것 같아요. 큰 시누이의 네 살 먹은 딸이 다가와서 "우리 삼촌이랑 결혼할 거예요?"라고 묻던 게 기억납니다. 오랜 시간 시누이들의 관찰이 이어지고 자리에서 일어날 때가 되자 아버님이 나오셔서 "늦었으니 그만 가 봐라. 선제(남편 이름)는 정욱이네 가서 인사드리고 오고" 하셨답니다. 그게 결혼 승낙인 셈이었지요.
그때만 해도 어려서 잘 몰랐으니까 꽃과 약과를 사갔는데 지금 생각해 보면 직접 만든 음식을 준비해 갔으면 더 좋았을 거라는 아쉬움이 남아요.

Woo's Kitchen

선물을 위한 담음 요리

고마운 마음, 선생님 선물	갈비찜 + 파프리카 백김치
축하하는 마음, 이사간 집 방문	토마토 카레 + 견과류 멸치 볶음 + 새송이버섯 쇠고기장조림 + 김 장아찌
아쉬운 마음, 외국이민 선물	깻잎 장아찌 + 진미채 무침 + 건꼴뚜기 마늘종 볶음

은사님이나 아이 선생님께 선물하고 싶을 때는 집에서 만든 음식을 드려 보세요. 음식은 다른 선물과 차별화되는 정성이 담긴 선물이지요. 어울리는 음식은 멸치 볶음, 약고추장, 진미채 무침, 깻잎찜 같은 밑반찬류나 바로 구워서 먹을 수 있도록 재운 육류나 떡갈비 등입니다. 또한 직접 만든 우동쓰유나 메밀쓰유를 맛있는 국수와 함께 먹는 방법을 적어드린다면 기억에 남는 선물이 되겠지요. 짧은 감사의 편지를 동봉하면 더 좋을 것 같아요.

또 외국에 계신 분들에게도 음식 선물은 더없이 좋은 선물이에요. 저도 외국에 나가 친구 집이나 친지 댁에서 지낼 때가 있는데 그럴 때면 그 집 냉장고를 뒤져 여러 가지 반찬을 만든 다음 다시 냉장고에 채워 넣곤 해요. 신세지는 일이 미안해서 해놓는 건데 이 때문에 반가운 손님으로 환영받는답니다.

선생님 선물 요리

갈비찜

여기저기서 할인 판매해도 한우 소갈비는 항상 가격이 만만치 않지요. 그래도 믿을 수 있고 맛있는 건 역시 한우라고 생각해요. 이 비싼 갈비로 큰 맘 먹고 만드는 갈비찜이 실패한다면 참 곤란하겠죠. 그래서인지 갈비찜은 쉽고도 어려운 요리로 느껴져요.

갈비찜 만들 때 쓸 만한 팁을 하나 알려드릴게요. 고기 끓인 국물을 냉장고에 굳혀 기름을 깔끔히 제거하는 것이랍니다. 간단한 방법이지만 맛에서는 확연히 차이가 나지요.

재료(4인분)
- 쇠고기 갈비(찜용) ········ 2Kg
- 무 ······················ $\frac{1}{2}$개
- 표고버섯 ················· 8개
- 밤 ······················ 6개
- 은행 ···················· 10알
- 대추 ···················· 2개

양념장
- 간장 ···················· $1\frac{1}{2}$컵
- 설탕 ···················· $\frac{1}{2}$컵
- 배즙 ···················· $\frac{1}{4}$컵
- 양파즙 ·················· $\frac{1}{4}$컵
- 청주 ···················· 3큰술
- 다진 마늘 ··············· 2큰술
- 다진 파 ················· 2큰술
- 참기름 ·················· 2큰술
- 후춧가루 ················· 약간

이렇게 만들어 보세요

1. 갈비는 찬물에 3시간 담가 핏물을 제거하고 붙어 있는 흰색 기름을 잘라낸 뒤 칼집을 깊게 넣는다.
2. 분량의 양념장 재료를 칼집 낸 갈비와 섞어 30분간 재운 후 냄비에서 끓인다. 끓기 시작하면 약불에서 40분간 더 끓인 후 국물만 따라낸다.
3. 따라낸 국물은 냉장고에서 단단하게 굳히고 윗면의 굳은 기름은 제거한다.
4. 무는 4×4㎝ 크기로 썰고 가장자리를 둥글게 만든다.
5. 표고버섯은 기둥을 제거하고 열십자(+) 모양의 칼집을 낸다.
6. 밤은 껍질을 제거하고 은행은 기름 두른 팬에 볶아 껍질을 제거한다.
7. 대추는 돌려깎기한 후 돌돌 말아 얇게 썬다.
8. 기름을 제거한 ③을 다시 냄비에 붓고 갈비, 분량의 재료를 모두 넣어 한 번 더 끓인다.

선생님 선물 요리

파프리카 백김치

이번에는 맵고 짠 맛이 강한 김치를 싫어하는 분들을 위해 파프리카 백김치를 만들어 보았어요. 보기도 좋고 먹기도 좋은 파프리카를 넣어서 인공적인 단 맛 대신 자연의 단 맛을 채웠지요. 오래두고 숙성시켜 먹는 김치가 아닌, 가볍게 즐기는 백김치인 만큼 만드는 방법도 아주 쉽답니다. 주의할 점이라면 배추가 소금물에 충분히 잠기도록 중간 중간에 뒤적여 주어야 한다는 것이에요.

재료(4인분)

통배추 ·················· 2통
(지름 15cm의 중간크기)
소금 ······················ 2컵
물 ························· 5컵

노란색 파프리카 ······ 1개
주황색 파프리카 ······ 1개
배 ·························· $\frac{1}{2}$개
양파 ······················ $\frac{1}{4}$개
무 ························ 30g
홍고추 ···················· 2개

양념장
멸치액젓 ················ $\frac{1}{4}$컵
배즙 ······················ $\frac{1}{4}$컵
뉴슈가 ················ $\frac{1}{2}$작은술
다진 마늘 ············· 1큰술
다진 생강 ········· 1작은술

밀가루풀
밀가루 ···················· $\frac{1}{2}$컵
물 ·························· 6컵

이렇게 만들어 보세요

1. 배추의 잎 부분에 소금 1컵을 골고루 뿌려 1시간 절인다.
2. 남은 소금 1컵과 물을 섞은 뒤 배추를 담가 절인다(겨울에는 6시간, 그 외의 계절에는 3~4시간 정도 절인다).
3. 파프리카는 씨를 제거하고 가늘게 채 썬다.
4. 껍질을 제거한 배, 양파, 무를 0.3cm 두께로 채 썰고, 홍고추는 씨를 제거한 뒤 채 썬다.
5. 분량의 밀가루풀은 중불에서 덩어리지지 않게 거품기로 잘 풀어가며 끓인 후 식힌다.
6. 채 썬 채소와 분량의 양념장을 모두 섞어 절인 배추 사이에 넣고 골고루 버무린다.
7. 통에 ⑥의 배추를 차곡차곡 담고 배추가 잠길 만큼의 물(분량 외)과 밀가루풀을 넣는다.
8. 소금 1큰술을 넣고 간을 본 후 소금의 양을 조절하고 실온에서 2일간 숙성시킨 후 냉장고에 넣는다.

토마토 카레와 견과류 멸치볶음

평범한 카레가 싫증날 때 먹을 수 있는 일본식 카레를 소개합니다. 레토르트 카레에 익숙한 분들에게는 좀 색다른 한 끼가 될 거예요. 포인트는 양파를 오래 볶는 것인데요, 양파는 타지 않도록 볶는 것이 중요해요. 참, 토마토는 꼭 신선한 것으로 사용해야 토마토 카레의 깊은 풍미를 느낄 수 있답니다.

재료(4인분)
토마토 카레

토마토	2개
쇠고기 채끝살	300g
양파	3개
감자	2개
당근	1개
물	4컵
고형카레	100g
우유	$\frac{1}{2}$컵

견과류 멸치볶음

멸치	100g
호두	$\frac{1}{3}$컵
아몬드	$\frac{1}{3}$컵
해바라기씨	$\frac{1}{3}$컵
맛술	1작은술
통깨	약간

양념장

카놀라오일	2큰술
맛간장(p.17)	2큰술
설탕	1큰술
올리고당	1큰술
참기름	1작은술

이렇게 만들어 보세요

토마토 카레
1. 토마토는 바닥에 열십자(+)로 칼집을 내어 끓는 물에서 10초간 데친 후 바로 찬물에 헹궈 껍질과 씨를 제거하고 깍둑썰기한다.
2. 쇠고기는 달군 팬에 올려 미디움으로 익힌 후 2×2cm 크기로 썰고 양파는 0.5cm 두께로 채 썬다.
3. 감자와 당근은 껍질을 제거하고 2×2cm 크기로 썬다.
4. 냄비에 카놀라오일(분량 외)을 두르고 감자와 당근을 넣어 80%까지 익혀둔다.
5. 냄비에 버터와 카놀라오일(분량 외)을 두르고 채 썬 양파를 갈색이 되도록 15분간 약불에서 볶고 물과 고형카레를 넣어 20분간 더 끓인다.
6. ⑤의 냄비에 볶아 둔 감자와 당근, 고기, ①의 토마토를 넣어 10분간 끓이고 마지막에 우유를 넣어 완성한다.

견과류 멸치볶음
1. 호두와 아몬드는 4등분으로 썰고, 해바라기씨는 마른 팬에 볶는다.
2. 멸치는 마른 팬에 한 번 볶고 맛술을 섞어 식힌다.
3. 팬에 양념장을 끓인 후 견과류를 넣고 끓으면 불을 끄고 멸치를 넣는다. 다시 불을 켜고 3분간 더 볶는다. 마지막에 통깨를 뿌린다.

*** **고형카레** 가루카레와 달리 물에 따로 갤 필요 없이 바로 사용할 수 있는 고형카레예요. 저는 오뚜기의 바몬드 카레나 일본 카레인 코쿠마로(こくまろ) 제품의 매운 맛을 사용한답니다. 코쿠마로(こくまろ) 제품의 경우 포장 상자에 적힌 글자색이 빨간색은 순한 맛, 초록색은 중간 맛, 파란색은 매운 맛입니다. 브랜드에 따라 맛이 조금씩 틀리니 입맛에 맞는 고형카레를 사용하세요.

이사간 집 방문 요리

새송이버섯 쇠고기 장조림과 김 장아찌

저는 냉장고에 밑반찬이 줄어들면 괜히 마음이 불안하고 허전해서 늘 넉넉하게 밑반찬을 만들어두는 편이지요. 그런데 이상하게도 장조림은 하나만 있어도 마음이 든든하답니다. 고기와 메추리알까지 들어간 고단백질 반찬이라서 그런 걸까요? 맛있는 장조림과 김 장아찌를 소개합니다.

재료(4인분)

새송이버섯 쇠고기 장조림
쇠고기 우둔살 …… 300g
새송이버섯 ………… 5개
메추리알 …………… 20개
꽈리고추 …………… 10개
마늘 ………………… 3쪽
홍고추 ……………… $\frac{1}{2}$개
통후추 ……………… 1알
채소육수(p.13) ……… 4컵

조림장
맛간장 (p.17) ……… $\frac{1}{2}$컵
간장 ………………… 3큰술
맛술 ………………… $\frac{1}{4}$컵
설탕 ………………… 1큰술
올리고당 …………… 1큰술
매실청 ……………… 1큰술
건고추 ……………… 2개
참기름 ……………… 1작은술
후춧가루 …………… 약간

김 장아찌
생김(20×20cm) …… 50장

조림장
간장 ………………… 2컵
물 …………………… $\frac{1}{2}$컵
양파 ………………… 1개
청양고추 …………… 1개
설탕 ………………… $\frac{1}{2}$컵
다시마(5×5cm) …… 2조각
표고버섯 …………… 3장
통후추 ……………… 2알
마늘 ………………… 5쪽
생강 ………………… $\frac{1}{2}$톨
매실청 ……………… 1큰술
올리고당 …………… $\frac{1}{2}$컵
꿀 …………………… $2\frac{1}{2}$큰술
소주 ………………… 3큰술

이렇게 만들어 보세요

새송이버섯 쇠고기 장조림

1. 쇠고기는 찬물에 3시간 담가 핏물을 제거한 뒤 끓는 채소육수에 넣고 약불에서 40분간 푹 삶는다.
2. 면 보자기에 걸러 육수는 다시 냄비에 붓고, 쇠고기는 한입 크기로 찢는다.
3. 새송이버섯은 길이로 2등분하여 1cm 두께로 편 썰고 메추리알은 삶아서 껍질을 제거한다. 꽈리고추는 이쑤시개로 2~3군데 구멍을 찔러 준비한다.
4. 분량의 조림장 재료를 모두 섞어 ②의 냄비에 붓고 찢은 쇠고기와 메추리알, 마늘을 넣고 10분간 끓인다. 마지막에 새송이버섯과 꽈리고추, 홍고추를 넣어 5분간 더 끓인다.

김 장아찌

1. 김을 10장씩 잡고 가위로 똑같은 크기의 8조각으로 자른다.
2. 자른 김을 한 묶음씩 실로 묶는다(8묶음).
3. 분량의 조림장 재료를 약불에서 20분간 끓이고 체에 걸러 완전히 식힌다.
4. 밀폐통에 김을 담고 완전히 식힌 조림장을 조금씩 부어가며 뒤적거리며 잘 섞는다.
5. 2시간 후에 김의 위치를 골고루 바꿔준 후 깨끗한 돌을 얹어 눌러준다.
6. 실온에서 하루 숙성 후 냉장고에서 3~4일간 더 숙성시킨다.

외국이민 선물 요리

깻잎 장아찌

자연의 좋은 기운 듬뿍 받은 노지 깻잎을 보면 저는 그렇게 욕심이 생겨요. 그럴 때면 넉넉하게 사와서 깻잎 장아찌를 담근답니다. 늘 장바구니로 두 세 바구니 사오지만 막상 장아찌를 담그면 양념에 절여져서 작은 통 한 개 분량만 만들어지지요. 조금 속상하긴 해도 한 겹 한 겹 떼어 먹는 재미로 매번 또 만들어요. 밥에 얹어 먹어도 맛있지만 수육이나 삼겹살에 싸 먹어 보세요. 그 맛이 기가 막히거든요.

재료(4인분)
깻잎 ················ 20묶음

양념장
간장 ················ $\frac{1}{2}$컵
맛간장(p.17) ········ $\frac{2}{3}$컵
멸치액젓 ············ 2큰술
설탕 ················ 2큰술
국간장 ·············· 1큰술
식초 ················ $\frac{2}{3}$컵

이렇게 만들어 보세요

1. 깨끗이 씻은 깻잎은 체에 받쳐 물기를 뺀 뒤 통에 차곡차곡 담는다. 그 위에 깨끗이 씻은 무거운 돌로 누른다.
2. 분량의 양념장 재료를 모두 섞어 깻잎이 담긴 통에 부어 실온에서 3일간 둔다.
3. 3일 후 국물만 걸러 한 번 끓이고 국간장과 식초를 넣어 입맛에 맞춰 간한다.
4. 충분히 식힌 후 다시 깻잎이 담긴 통에 붓고 냉장고에서 3~4일간 숙성시킨다.

외국이민 선물 요리

진미채 무침과 건꼴뚜기 마늘종 볶음

외국으로 이민 가는 지인에게는 오래 먹을 수 있고 질리지 않는 추억의 밑반찬 선물이 제격이지요. 바로 진미채 무침과 건꼴뚜기 마늘종 볶음이에요. 진미채를 손질할 때는 비슷한 길이로 잘라야 무쳐 놓았을 때 얌전하고 정갈해 보이지요. 전 주로 남편에게 부탁하는데 언제든 군말 없이 해주는 남편에게 늘 고맙고 미안하답니다.

이렇게 만들어 보세요

진미채 무침
1. 진미채는 2~3㎝ 길이로 잘라 곱게 찢는다. 이때 진미채가 많이 말랐다면 김이 오른 찜통에서 5분간 찐다.
2. 분량의 양념장 재료를 모두 섞는다.
3. 진미채에 양념장을 넣고 골고루 버무린다.

건꼴뚜기 마늘종 볶음
1. 건꼴뚜기는 끓는 물에 말랑하게 삶아 찬물에 2~3회 헹군다.
2. 마늘종은 소금물에 데친 후 3~4㎝ 길이로 썬다.
3. 마늘은 편 썬다.
4. 팬에 들기름을 두르고 마늘종, 마늘을 살짝 볶다가 데친 꼴뚜기를 넣고 한 번 더 볶는다.
5. 분량의 양념장 재료를 팬에서 끓이다가 볶은 마늘종과 마늘, 꼴뚜기를 넣고 버무린다.
6. 마지막에 참기름과 통깨(분량 외)를 넣고 골고루 버무린다.

재료(4인분)

진미채 무침
진미채 ·············· 300g

양념
간장 ················ 1큰술
메이플 시럽 ········ 1큰술
설탕 ················ 2큰술
양파즙 ············ ½큰술
올리고당 ·········· 2큰술
참기름 ············ 1큰술
유자청 ············ ½큰술
식초 ················ 2큰술
검은깨 ············· 약간
통깨 ················· 약간

건꼴뚜기 마늘종 볶음
건꼴뚜기 ·········· 150g
마늘종 ············· 1단
마늘 ················· 2쪽
들기름 ············· 약간

양념
간장 ················ 2큰술
국간장 ·········· 1작은술
매실청 ············ 1큰술
올리고당 ·········· 1큰술
설탕 ················ 1큰술
꿀 ··················· 1큰술
생강퓨레(p.15) ··· 1작은술

맛있는 이야기 * 넷

이삿집 방문

이사하기 전날이나 막 이사한 날, 끼니를 챙겨 먹기란 쉽지 않아요. 보통 배달음식을 먹곤 하는데 이런 것을 헤아려 밥만 있으면 먹을 수 있도록 음식을 준비해 이사하는 사람에게 선물한다면 정말 많은 도움이 될 거예요. 제가 이렇게 이사 하는 집에 음식 선물을 하게 된 건 전적으로 친정어머니의 영향이 크답니다. 어머니는 이사 하는 집에 밑반찬과 국을 싸가서 이사가 끝나면 먹을 수 있도록 하셨어요. 그때만 해도 '왜 저렇게 일을 만들어 하실까?' 생각했는데, 똑같이 이러고 있는 걸 보면 저도 어쩔 수 없는 엄마 딸인가 봐요. 저는 주로 아침으로 먹을 수 있는 떡이나 샌드위치에 커피를 가져가요. 직접 만든 약식을 포장해서 선물하는 것도 좋은 방법이구요.

저도 7년 전, 이사하는 날에 선물을 많이 받았어요. 친한 이웃들이 보온병에 담은 오트밀이며 직접 만든 카스텔라를 선물로 가져다 주셨지요.

이사하는 날, 이웃에게 작은 음식 선물로 인사하거나 이사 가는 지인에게 반찬 선물을 해보세요. 받는 이에겐 특별한 선물이 되고 잊혀지지 않는 기억으로 남게 됩니다.

외국으로 가는 지인

요즘은 유학, 이민 등으로 외국에 나가는 사람이 참 많아졌어요. 적지 않은 나이인데도 사람을 떠나 보낼 때마다 늘 아쉬운 마음이 들어요. 그래서 이런 마음을 담아 음식을 싸보내곤 한답니다. 주로 고추장 볶음, 멸치 볶음, 진미채 무침, 건새우 볶음 등을 만들어서 소량으로 여러 개 진공 포장해 보내는데, 냉동실에 보관하면 꽤 오랜 기간 먹을 수 있어서 좋아들 하더군요. 외국에 계신 친지를 방문할 때도 그리운 한국 음식을 가져가곤 해요. 밑반찬과 건어물, 김, 고춧가루 등을 가져가는데 아무리 포장을 잘해도 여행가방 안에서 터지거나 새어서 낭패를 보는 경우가 가끔 있어요. 그래서 이럴 때도 진공 포장을 하지요.

시아버님이 일본에 교환교수로 가 계실 때도 약고추장과 김 장아찌 등의 밑반찬을 현지 교수님께 드리도록 준비해 드렸어요. 예쁜 항아리에 담아 한지로 포장해 드렸는데 의외로 너무 반응이 좋아서 그 뒤로도 일본에 가실 일이 생기면 늘 밑반찬을 준비해 드렸지요.

저도 외국에 나가 친지 댁이나 친구 집에서 지낼 때가 있는데 그럴 때면 그 집 냉장고를 뒤져 여러 가지 재료로 반찬을 만들어서 다시 냉장고에 채워 넣곤 해요. 신세지는 일이 고마워서 해놓는 건데 이 때문에 반가운 손님으로 환영받는답니다.

Woo's Kitchen

병문안을 위한 담음 요리

탄생을 축하하는
산모병문안 요리: 명란죽 + 메로구이 + 간장오이 장아찌

쾌유를 비는
지인병문안 요리: 채소수프 + 민어 스테이크 + 동치미

때때로 아이를 낳은 산모를 보러 갈 일이 생기잖아요. 이럴 때마다 항상 고민이 되는 게 선물이죠. 대체로 축하의 의미로 꽃을 사가지고 가는데 좀 더 특별하게 음식을 선물로 가져가는 건 어떨지요.
또 아픈 분들은 잘 드셔야만 병을 이겨낼 수 있는데, 병세에 시달려 입맛도 없고 병원 음식에 질려 잘 드시지 못하는 경우가 많아요. 새로운 기운을 느낄 수 있도록 특별한 음식을 만들어 드리면 건강회복과 기분 전환에도 도움이 되는 것 같아요.

명란죽

시중에 흔히 판매하는 명란젓은 고춧가루로 양념된 상태라 붉은 색을 띠고 있지만, 제가 소개해드릴 명란죽은 양념이 안 된 연분홍색 명란으로 요리하셔야 해요. 대개 양념이 안 된 명란은 수출용으로 따로 판매하여 구하기 쉽지 않은데, 구하실 수 있는 곳을 소개해 드릴게요. 넉넉히 주문하셔서 두고두고 해 드세요. 이번 명란죽은 산모를 위한 요리인만큼 조금 싱겁게 간을 했어요.

재료(4인분)
- 쌀(불리기 전) ·········· 1컵
- 명란 ······················ 80g
- (양념되지 않은 것)
- 멸치육수(p.13) ·········· 7컵
- 포도씨오일 ············ 1큰술
- 다진 마늘 ············ $\frac{1}{2}$큰술
- 청주 ···················· 1큰술
- 소금 ·················· $\frac{1}{2}$작은술
- 진간장 ················ $\frac{1}{2}$작은술
- 참치액젓 ············· $\frac{1}{2}$작은술
- 참기름 ···················· 약간

고명
- 실파 ······················ 약간
- 김채 ······················ 약간

이렇게 만들어 보세요

1. 쌀은 찬물에 30분간 불린 다음 체에 받쳐 물기를 제거하고 믹서에 70%까지 간다.
2. 명란은 끝 부분을 잘라 칼등으로 알을 긁어낸다.
3. 냄비에 포도씨오일을 두르고 다진 마늘, 명란, 청주를 넣고 알이 불투명해지기 직전까지 볶다가 갈아놓은 쌀을 넣어 쌀이 투명해질 때까지 볶는다.
4. 멸치육수를 붓고 15분간 더 끓이고 진간장, 참치액젓, 소금으로 간하고 끓기 직전에 참기름을 넣는다.
5. 송송 썬 실파와 가위로 잘게 자른 김 채를 고명으로 얹는다.

> **Tip 명란 구입처**
> 양념되지 않은 명란을 구하려면 '한국야마야'란 곳을 이용하면 됩니다. 대량구매가 부담스럽다면 여럿이서 공동구매하여 보세요. 냉동실에 두면 다양한 요리에 이용되지요(p.242 참조).

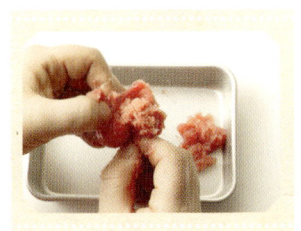

메로구이와 간장오이 장아찌

추운 바다에 사는 메로는 생선 중에서도 필수지방산과 단백질이 풍부해서 최고의 생선으로 꼽힌답니다. 게다가 큰 가시만 있고 잔가시가 없어서 아픈 환자나 산모, 아이들이 먹기도 좋지요. 요즘은 손질된 상태의 냉동 메로를 포장하여 판매하니 쉽게 구할 수 있어요. 메로의 맛을 최고로 살리기 위해서는 해동을 완벽히 하여 기름을 깨끗이 제거하는 것이 중요합니다.

재료(4인분)

메로구이
- 냉동 메로 300g
- 표고버섯 2개
- 아스파라거스 3개
- 버터, 소금, 후춧가루 약간

재움장
- 간장 1큰술
- 맛간장(p.17) $\frac{1}{3}$컵
- 청주 $\frac{1}{2}$큰술
- 유자청 1큰술
- 후춧가루 약간

간장오이 장아찌
- 오이 20개

양념장
- 간장 $\frac{2}{3}$컵
- 설탕 $\frac{1}{2}$컵
- 식초 $\frac{1}{2}$컵
- 물 1컵
- 월계수잎 3장
- 소금 2큰술
- 통후추 1알

이렇게 만들어 보세요

메로구이
1. 냉동 메로는 미지근한 물 3컵에 소금 1큰술을 섞은 물에 담가 20분간 해동하고 흐르는 물에 씻어 키친타월로 물기를 제거한다. 해동한 메로의 껍질과 비늘은 포크로 긁어 제거한다.
2. 표고버섯은 채 썰고, 아스파라거스는 표고버섯과 동일한 길이로 썬다. 팬에 버터를 두른 후 소금, 후춧가루로 간하여 살짝 볶는다.
3. 분량의 재움장 재료를 모두 섞는다.
4. 재움장에 메로를 넣고 5시간 이상 재운다. 많은 양의 메로를 재울 경우에는 양념이 골고루 배도록 주의한다.
5. 그릴 팬에 메로를 얹고 앞뒤로 노릇하게 굽는다.
6. 접시에 옮겨 담고 볶은 채소를 함께 곁들인다.

간장오이 장아찌
1. 오이는 굵은 소금(분량 외)으로 문질러 깨끗하게 씻은 뒤 체에 밭쳐 끓는 소금물을 붓고 바로 찬물에 헹군다. 병에 오이를 차곡차곡 담는다.
2. 분량의 양념장 재료를 10분간 끓이고 뜨거울 때 바로 오이에 부은 후 깨끗한 돌을 오이 위에 얹어 누른다.
3. 뚜껑을 덮어 3~4일간 서늘한 곳에서 보관한 후 양념장만 다시 냄비에 부어 소금, 설탕, 식초(분량 외)로 입맛에 맞게 간하여 다시 한 번 끓인다.
4. 충분히 식힌 양념장을 다시 오이에 붓고 뚜껑을 닫아 3일간 숙성시킨다.

지인병문안 요리

채소수프

지금으로부터 약 20~25년 전, 제가 대학교를 다닐 때 명동에 유명한 경양식집이 있었어요. 그 때는 경양식집이 최고의 데이트 장소이자 만남의 장소였죠. 당시 '러시안수프'라고 해서 판매되던 인기메뉴로 칼칼하면서도 시원한 채소수프랍니다. 오래 보관이 가능하니 한 번에 많은 양을 만들어 냉동해두었다가 먹어보세요. 옛 추억이 떠오르는 잔잔한 하루가 될 거예요.

재료(4인분)

감자	1개
양파	1개
셀러리	1대
양송이버섯	4개
당근	½개
양배추	50g
홀 토마토	150g
쇠고기육수(p.13)	4컵
핫소스	1큰술
버터	1큰술
올리브오일	1큰술
소금	약간
후춧가루	약간

이렇게 만들어 보세요

1. 셀러리는 칼날로 겉의 섬유질을 제거하고 감자와 양파는 껍질을 제거한다.
2. 감자, 양파, 셀러리, 양송이버섯, 당근, 양배추는 1×1㎝ 크기로 깍둑썰기한다.
3. 홀 토마토는 손으로 으깬다.
4. 냄비에 버터와 올리브오일을 두르고 양파가 옅은 갈색이 날 때까지 볶다가 감자, 당근, 셀러리, 양송이버섯 순으로 넣어 볶으며 소금(분량 외)으로 간한다.
5. ④에 쇠고기육수와 홀 토마토를 넣고 끓이다가 마지막에 양배추를 넣어 20분간 중불에서 푹 끓인다.
6. 핫소스, 소금, 후춧가루(분량 외)를 넣어 간한다.

 **＊＊＊ 홀 토마토** 토마토 가공품 종류 중 하나예요. 완숙 토마토를 껍질만 벗긴 채 토마토주스에 담아 캔제품으로 파는 것이지요. 토마토의 모양이 그대로 살아 있어 원하는 만큼의 크기로 다지거나 썰어 다양한 요리에 사용된답니다.

민어 스테이크와 동치미

몸이 허약하고 기가 부족한 사람에게는 민어만한 보양식이 없다고들 하죠. 탕이나 조림으로 많이 요리하는 민어를 특별한 스테이크로 완성했어요. 생선을 스테이크라 부르니 어색할 수 있겠지만 토막쳐 통째로 굽는 모든 것을 스테이크라고 칭한다 하니 맞는 요리임이 분명합니다. 병문안 선물로 이보다 나은 것이 또 어디 있겠어요? 아팠던 환자도 힘이 솟을 거예요.

재료(4인분)

민어 스테이크
- 민어(손질된 것) ···· 300g
- 생강 ················ $\frac{1}{2}$톨

양념장
- 간장 ················ 1큰술
- 맛간장(p.17) ······· 1작은술
- 양파즙 ·············· 1큰술
- 맛술 ················ 1큰술
- 매실청 ·············· 1작은술
- 참기름 ·············· 1작은술
- 다진 파 ············· 1작은술
- 다진 마늘 ·········· 1작은술
- 생강퓌레(p.15) ····· 약간
- 후춧가루 ············ 약간

동치미
- 동치미 무 ··········· 1단
- 양파 ················ 1개
- 배 ·················· $\frac{1}{2}$개
- 마늘 ················ 4~5쪽
- 생강 ················ 1톨
- 홍고추 ·············· 2개
- 청양고추 ············ 2개
- 쪽파 ················ 10대

절임장
- 천일염 ·············· $1\frac{1}{2}$컵
- 뉴슈가 ·············· $\frac{1}{2}$작은술
- 배즙 ················ 2큰술

간 맞추기
- 소금 ················ $\frac{1}{2}$컵
- 뉴슈가 ·············· $\frac{1}{4}$컵

이렇게 만들어 보세요

민어 스테이크
1. 생강은 곱게 채 썬다.
2. 손질된 민어는 가운데 뼈를 중심으로 살을 발라낸다.
3. 분량의 양념장 재료를 모두 섞어 민어에 골고루 발라 1시간 재운다.
4. 그릴 팬에서 양념장을 발라가며 노릇하게 굽는다.
5. 그릇에 민어를 담고 생강 채를 곁들인다.

동치미
1. 무는 깨끗이 씻어 0.5cm 두께의 반달모양으로 썰어 절임장에 1시간 재운다. 이때 무는 재워둘 통의 2/3부분까지 넣는다.
2. 양파는 4등분하고 배는 껍질 벗겨 3등분, 마늘과 생강은 편 썰어 티백에 넣는다.
3. ②의 티백을 무를 재운 통에 넣고 물을 가득히 붓는다.
4. 소금과 뉴슈가로 간을 맞추고 실온에서 2일간 익힌다.
5. 뚜껑을 열었을 때 부글부글 거품이 생기고 익은 냄새가 나면 채 썬 고추와 4cm 길이로 썬 쪽파를 넣어 냉장고에 보관한다.

맛있는 이야기 * 다섯

산모 방문

결혼하자마자 둘째 시누이가 출산을 했어요. 시어머니가 시누이 임신 소식을 알 무렵 돌아가셨기 때문에 시누이 입장에서는 친정어머니 없이 출산을 한다는 게 많이 서러울 것 같았어요. 그때 음식 선물의 달인이신 친정어머니께서 간장오이 장아찌를 만들어 주셨지요. 가져가는 저로서는 별것 아닌 선물이라 생각했는데 김치도 못 먹고 내리 미역국만 먹어야 했던 시누이에게는 그것이 입맛을 돌게 하는 반찬이었나 봅니다. 두고두고 고마워하더군요.

산모는 매운 음식, 짠 음식을 먹지 못하는 데다 수유기간 동안에도 김치처럼 자극이 심한 음식은 먹을 수 없으므로 이런 음식은 피하는 것이 좋아요. 또 이가 약해질 수 있으니 고기류보다는 부드러운 생선이 적당합니다. 메로나 병어 같은 생선으로 조림을 하거나 피클이나 장아찌처럼 산뜻한 반찬이 어울리지요. 반찬류 외에 추천할 만한 메뉴로는 붓기를 뺄 수 있는 호박죽이나 호박 끓인 물, 입맛을 돌게 하는 대추차나 오미자차가 있습니다.

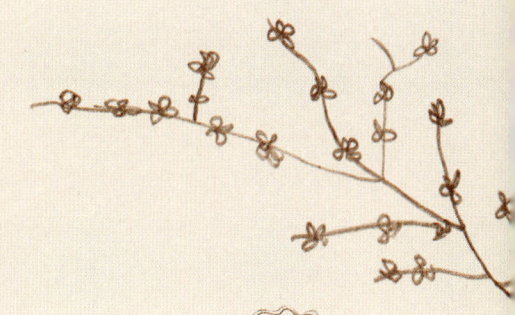

지인 병문안

나이가 들면서부터 주변에 아픈 사람들이 생깁니다. 그럴 때면 참 안타깝고 씁쓸한 기분이 들어요. 환자에 따라 가려야할 음식도 있고 병에 따라 도움이 되는 음식도 있는데 이런 것을 고려해 음식을 선물한다면 장기간 입원으로 지친 환자나 간병인에게 반가운 선물이 되겠지요. 입원환자가 아닌 연로하신 분을 뵈러 갈 때도 음식만큼 좋은 선물이 없지요. 모시고 계신 분들의 수고를 조금이나마 덜어드리고 새로운 음식으로 식욕을 돋게 해드리는 것도 의미 있는 일이니까요.

가까운 친구 어머님이 젊은 나이에 폐암으로 돌아가신 일이 있었어요. 살아 계실 때 뵈러 가면서 식사를 잘 못하신다는 얘기에 송화단죽과 오이피클을 해갔지요. 어머님은 너무 반기시며 "내가 입맛이 없었는데 정욱이 덕분에 너무 잘 먹었다"라고 하셨어요. 그 뒤 병세가 악화되어 돌아가셨지만 그때 뵙고 인사드리지 않았다면 크게 후회했을 거예요. 친구는 지금도 그때의 선물을 고마워해요.

신선한 식재료, 이 곳으로 가보세요

"좋은 재료가 좋은 요리를 만든다!" 이것이 저의 요리 철학이자 신념입니다. 신선한 재료는 요리를 하는 과정과 결과를 모두 만족시키니까요. 그래서 대형 할인 매장이나 백화점 식재료 코너, 재래시장 등 장소를 가리지 않고 좋은 식자재를 공수해 오지요. 손님 오실 때나 요리 수업을 할 때면, 식재료를 구하러 최소 5군데 이상 장을 보는데요, 남편은 '기름 값이 더 나온다'며 투덜대지만 저는 검증된 재료, 깐깐하게 고른 재료가 맛과 영양을 보장해준다고 생각하거든요. 지방에 갔다가 우연찮게 알게 된 좋은 식자재가 있으면 직거래도 하고요. 그럼 맛있는 식재료에 대한 저만의 비밀 보따리 좀 풀어 볼까요?

과일과 채소

더덕 더덕 할머니
우정상회 건너편에는 연세가 지긋하신 할머니께서 더덕을 파시는데 언제나 국내산만 사용하여 믿을 수 있답니다. 노점에서 장사하시기 때문에 전화가 없으셔서 연락할 때는 우정상회(p.241)를 통해 주문하곤 하지요.

밤 공주 밤 아주머니
가을이면 더 바빠지는 공주 밤 아주머니의 손길. 공주에서 갓 올라온 밤을 까느라 손이 까지고 물집이 생긴다고 해요. 밤은 기계보다는 사람의 손으로 깎는 게 훨씬 예쁘고 야무져서 저는 아주머니의 밤을 애용하고 있답니다.
연락처 _ 010.3032.4890

루콜라, 바질, 특수 채소 해든하우스
수입 식자재와 식료품 파는 곳은 많지만 아직 한남동 해든하우스만한 곳을 찾지 못했어요. 이곳에서는 다양하고 싱싱한 허브와 일반 상점에서 잘 팔지 않는 수입 식료품 등을 구입할 수 있어요. 와인 안주 만들 때도 들르게 되는데 치즈 또한 다양하게 구비해 놓았답니다.
주소 _ 서울시 성동구 옥수동 220-1 한남하이츠 아파트 상가 지하층
연락처 _ 02.794.0511

사과 영주사과
사과 철이 돌아오면 사과를 박스로 주문해서 그대로 먹기도 하고, 요리에도 쓰고, 잼으로도 만듭니다. 냉동 사과는 취급하지 않기 때문에 가을과 겨울에만 주문이 가능하다는 것도 참고하세요.
연락처 _ 011.9770.4208

절임배추 괴산배추
저와 친정어머니는 김장을 하고 나면 꼭 3일씩 드러누워 몸살을 해야 했어요. 괴산에서 절임 배추를 직송해 오기 전까지요. 괴산에서 절여서 보내준 김장 배추를 보고 얼마나 고마웠는지 모릅니다. 김치 담그는 복잡한 공정 중 가장 힘들고 어려운 과정 하나가 생략되었으니까요. 이제는 김치 담그는 날이 즐겁게 보쌈 먹는 날이 되었어요.
연락처 _ 010.4756.8230

해산물

국산 멸치, 김, 건새우, 쥐포, 호두, 아몬드, 잣 우정상회
저희 친정어머니의 30년 단골집입니다. 어머니의 소개로 저 또한 단골이 되었지요. 푸근하고 편안한 인상의 주인 아주머니는 무게를 재고 나서도 또 한 줌을 퍼담아 주곤 합니다. 이 집의 명물은 국산 멸치와 김이지요.
주소 _ 서울특별시 중구 을지로5가 중부시장
연락처 _ 02.2274.3335

냉동 생선, 새우, 연어 두숭물산
각종 생선과 냉동 메로, 새우, 연어 등이 유명합니다. 자매애가 유달리 두터운 친자매 두 분이 운영해요. 두 분 다 성격이 워낙 정확하고 솔직한 분들이라 신선한 재료가 아니면 팔지 않는다는 신념을 갖고 계시죠.
주소 _ 서울시 중구 남창동 49번지 대도상가 지하
연락처 _ 02.752.8353

전복, 낙지, 게 제일수산
신라 호텔과 롯데 호텔 등 유수의 호텔 주방장도 이곳을 이용한다고 하네요. 전복이나 낙지, 게가 신선한 곳입니다.
주소 _ 서울시 동작구 노량진동 16-1
연락처 _ 02.823.6061

게 남송꽃게

꽃게 철이 되면 제가 어김없이 들르는 곳이에요. 저는 게장 담글 때 이곳을 찾는데요. 미리 전화로 게 다리 손질을 부탁하면 서산에서 난 좋은 게만 골라서 준비해준답니다. 게를 박스로 사다가 찜 쪄먹기도 하고 게장을 담가 놨다가 두고 먹거나 지인들에게 선물하면 좋겠지요?
주소 _ 서울시 동작구 노량진동 수산시장 143호
연락처 _ 02.825.0347

생선회 고목상회

언젠가 지인의 집에 초대받아 생선회를 먹게 되었는데 맛이 좋아서 '어디서 난 거냐?'고 물었더니 고목상회라는 거예요. 알고 보니 미식가인 제 지인들도 모두 여기 단골이라 하더군요. 이 집에 가면 깨끗하고 신선한 활어를 맛볼 수 있어요. 청결하고 정갈한 분위기라 가끔 가족들과 함께 가 배불리 회를 먹기도 해요.
주소 _ 서울시 동작구 노량진동 수산시장
연락처 _ 02.813.9158

명란, 오징어 젓, 연어 알 한국야마야

아는 분들은 다 아는 유명한 식재료 전문점이죠. 양념되지 않은 명란을 판매합니다. 명란은 젓갈 외에 김치, 드레싱 크로켓 등 무궁무진한 요리를 만들 수 있는 매력적인 식재료에요. 당장 오늘이라도 명란을 사다가 새로운 요리법을 계발해보세요. 많은 양을 한꺼번에 구매하는 것이 부담스러우시면 여럿이서 함께 공동구매를 하는 방법도 있답니다.
연락처 _ 080.045.4549

떡

평양인절미 평양떡집

30여년의 역사가 배어 있는 떡집을 해온 가게답게 떡에 대한 고고한 자부심을 가지신 주인 할머니가 계십니다. 평양 인절미는 인절미에 하얀 팥고물을 얹은 떡이랍니다. 당일 주문은 받지 않고 4~5일 전에 주문해 두어야 한답니다.
주소 _ 서울특별시 중구 인현동2가 110-5
연락처 _ 02.2279.8542

흑임자인절미 구름떡집

검은깨를 그다지 좋아하지 않는 제가 흑임자로 된 인절미를 먹을 기회가 생겼어요. 생일 때 받은 떡 선물이었지요. 굳이 블랙푸드 이야길 하지 않아도 흑임자가 몸에 좋은 건 다 아시죠? 색다른 맛을 느낄 수 있을 거예요.
주소 _ 서울특별시 서초구 방배4동 815-1
연락처 _ 02.533.1530

쑥인절미 함지쑥떡
인절미를 좋아하는 저는 함지쑥떡의 쑥인절미를 아침식사 대용으로 자주 먹곤 합니다. 우유나 미숫가루와 곁들여 먹으면 든든한 아침식사가 된답니다. 한입 베어 물 때마다 쑥의 자연향이 코끝에 돌지요. 한 번 맛보시겠어요?
주소 서울특별시 서초구 반포동 2-8 신반포상가 208호
연락처 _ 02.532.9222

기타 식재료

수입 소스, 생크림, 치즈, 발사믹식초 한상유통
질 좋은 수입품과 좋은 커피, 치즈 등을 구할 수 있는 곳이에요. 대량 유통이라 신선하고, 일정 금액 이상을 사면 퀵서비스 비용을 안 받고 배달해 주지요.
주소 _ 서울시 중구 남창동 34-77번지 1층
연락처 _ 02.754.0902

중국식재료 신창상회
남편이 동파육을 좋아해 자주 만드는데 동파육에 질릴 때마다 다른 메뉴를 만들기 위해 신창상회를 들르곤 했어요. 춘장, 두반장, 굴소스 등 기본적인 중국 요리 재료부터 양장피, 말린 해삼, 꽃빵, 삭스핀, 차사이, 돼지 삼겹살 통조림도 있답니다.
주소 _ 서울시 중구 남대문로 4가 17-1
연락처 _ 02.752.2212

들기름 옥산방앗간
요즘은 제대로 된 들기름 향 한번 맡아보기가 어찌 이리 어려운지…. 지리산 등반을 하던 중에 맡은 이 들기름 냄새에 반해 사다 먹게 되었어요. 작년만 해도 40여병을 시켰는데 어디에 썼는지 흔적도 없이 금방 동나고 말았답니다. 이곳 들기름 역시 들깨 제철에만 판매하니 유념해 두세요.
연락처 _ 055.931.4578

곁에 두고 싶은 고운 그릇입니다

요리의 완성은 무엇일까요? 요리와 가장 어울리는 그릇에 담는 것 아닐까요. 신선한 재료를 준비하고, 일일이 손을 거쳐 조리하고…. 이렇게 정성을 들인 요리를 함부로 아무데나 담을 수는 없잖아요.

늘 곁에 두고 싶은 고운 그릇을 만날 수 있는 곳을 알려드릴게요. 도예가 이윤신 선생님이 계신 가회동의 '이도'입니다. 이윤신 선생님과의 인연은 벌써 10년이 훌쩍 넘었네요. 선생님 도자기 특유의 고운 선에 반하여 하나, 둘 모으다보니 어느새 방안 가득 도자기로 채워져있더라고요.

이도에서는 도자기 판매만 하는 것이 아니라 국내 도예가들의 전시회도 열린답니다. 또 다양한 테마의 음악회, 이벤트가 열리기에 일반인과 예술가가 함께 호흡할 수 있는 편안한 공간이기도 하지요. 구경하며 구입도 할 수 있어 부담없이 들릴 수 있는 곳이에요. 이도에서는 도예수업도 진행하고 있어 한번 다녀온 분들은 도자기의 매력에 푹 빠졌다고 하시더군요.

그리고 요리연구가를 선정하여 매달 '이달의 테이블'을 전시하기도 하는데요. 이도의 도자기를 이용한 색다른 상차림을 감상하실 수 있는 좋은 기회랍니다. 이번 8월의 테이블은 제가 선정되어 시원한 여름밤의 막걸리 한상을 차려보았답니다.

주소 _ 서울시 종로구 가회동 10-6번지
연락처 _ 02.744.3704

yido pottery
yidopottery는 YIDO에서 제작하는 아름답고 실용적인과 트렌드가 시간을 초월하는 클래식이 조화된 동·서양의 식문화를 폭넓게 수용합니다.

yido collection
yidocollection은 YIDO가 추천하는 국내 외 공예작가의 실용작품들입니다. 도자, 유리, 목기, 패브릭 등 실내데코리아와 따뜻하게 어울리는 리빙아트 컬렉션입니다.

yi yoonshin
yiyoonshin은 도예가 이윤신이 디자인한 그릇 컬렉션으로 아무데서나 만날 수 있는 보통의 아름다움이 시간과 공간을 견뎌내어 우리의 전통을 바탕으로 새로운 전통을 만들어 갑니다.

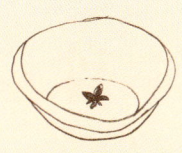

INDEX

* 채소

봄동 냉이국	26
당면 생채	30
두릅 더덕 꼬치	32
유채 원추리 나물 굴소스 볶음	36
봄 초나물	42
청경채 겉절이	44
가지 미나리 나물	58
토란탕	72
배추전	74
통도라지 무침	76
사과 드레싱 무 샐러드	82
페스토 소스의 모둠 버섯 구이	88
가을 초나물	90
연근 초무침 샐러드	112
오이지 무침	114
양배추 김치	114
깨 소스 시금치 무침	115
곶감을 넣은 더덕 생채	150
모둠버섯수프	182
더덕 장아찌	198
파프리카 백김치	216
깻잎 장아찌	222
간장오이 장아찌	232
채소수프	234
동치미	236

* 해산물

꽃게찜	34
뱅어포	38
오징어 마 조림	60
수제 꽁치 조림	63
매운 멸치 볶음	64
참치 쌈장	65
맑은 낙지 버섯탕	78
어리굴젓	96
얼큰 대구 매운탕	104
물미역 해산물 초회	106
코다리 구이	110
대하냉채	120
전복 스테이크	124
새우 관자 전채	132
시저 드레싱의 참치 타다키	144
일본식 모둠어묵	152
와사비마요네즈 해물 크로스티니	154
매실 소스 해물냉채	194
전복초	196
황태 보푸라기	198
견과류 멸치볶음	218
김 장아찌	220
진미채 무침	224
건꼴뚜기 마늘종 볶음	224
메로구이	232
민어 스테이크	236

* 육류

차돌박이 주꾸미 볶음	28
쇠고기 토마토 샐러드	52
약고추장	64
단감을 곁들인 육전 냉채	80
치즈를 얹은 함박스테이크	86
돈지루	98
닭 불고기	100
잣 소스 수삼 닭고기 샐러드	122
새송이버섯과 너비아니 구이	134
과일 소스를 곁들인 삼겹살찜	148
허니머스터드 치킨버섯 샐러드	156
따뜻한 쇠고기 채소 곁들임	160
와인 소스의 비프롤	170
간장 소스 닭봉강정	176
토마토 드레싱의 미트볼 샐러드	178
스테이크 또띠아롤	184
떡갈비	192
갈비찜	214
새송이버섯 쇠고기 장조림	220

* 면류 & 밥류

스테이크 채소 비빔밥	40
냉메밀국수	50
규아상	54
궁중 약선 닭죽	56
잔멸치 시래기 밥	70
타이풍의 해산물 카레밥	84
무굴밥	96
연잎 영양밥	102
온면	108
마늘볶음밥	126
송화단죽	130
궁중 떡볶이	136
모둠버섯 양념초밥	146
냉우동 샐러드	158
데리야키 소스 주먹밥	180
약식	202
토마토 카레	218
명란죽	230

* 디저트

흑임자 아이스크림	128
대추차	138
주키니 케이크	162
상그리아	164
그리시니와 카망베르 치즈 구이	166
치즈샌드	168
키위 레몬 주스	180
쑥가래떡 구이와 한입 컵과일	186
콩설기	200
곶감호두말이	204
율란	206
머랭피칸	208

우정욱의 맑은 날, 정갈한 요리

저자	우정욱
발행인	장상원
편집인	이명원

초판 1쇄	2010년 11월 1일
7쇄	2021년 1월 25일

발행처	(주)비앤씨월드
	출판등록 1994. 1. 21. 제16-818호
	주소 서울특별시 강남구 선릉로 132길 3-6 서원빌딩 3층
	전화 (02)547-5233 팩스 (02)549-5235
	홈페이지 www.bncworld.co.kr 블로그 http://blog.naver.com/bncbookcafe
	인스타그램 www.instagram.com/bncworld

진행	이소민
사진	최문갑
디자인	박갑경
스타일링	최새롬(어시스트:최유나)
요리 어시스트	나선영, 이지영
협찬	이도, 오뚜기, 샐러드마스터
	웅갤러리, 이영호 작가

ISBN 978-89-88274-68-2   13590

text ⓒ 우정욱, 2010 printed in korea
이 책은 신 저작권법에 의해 한국에서 보호받는 저작물이므로 저자와 (주)비앤씨월드의
동의 없이 무단전재와 무단복제를 할 수 없습니다.